616

D0908092

Minuscules aperçus
sur la difficulté de
soigner

Jacques Salomé

Minuscules aperçus
sur la difficulté de
soigner

Illustrations de Françoise Malnuit

Albin Michel

Préambule

Le métier de soignant risque trop souvent d'être une activité de soi-niant, si celui qui l'exerce n'est pas aussi à l'écoute des résonances qui vont se réveiller en lui au contact de la souffrance, de l'impuissance parfois et quelquefois de la mort. Métier et accompagnement douloureux si celui qui s'est investi dans cette tâche de soutien pour permettre à une personne en difficulté de santé de retrouver son pouvoir de vie et de joie, n'accepte pas d'être vigilant.

Il doit l'accepter pour ne pas se laisser envahir par l'angoisse, le découragement, la colère, la lassitude devant l'incompréhensible de telle ou telle atteinte, pour ne pas se laisser entraîner par l'illusion d'une toute-puissance à vouloir guérir à tout prix, pour ne pas s'identifier au malade et prendre sur lui l'impact que la maladie a sur son entourage.

Il doit aussi être attentif pour ne pas se réfugier dans une sorte de monde à part, rassurant et gratifiant, qui le justifiera dans ses choix et le confirmera dans ses certitudes. « Je travaille avec des personnes en souffrance, des femmes et des hommes âgés, des handicapés,

des enfants gravement malades. Quand on s'occupe d'eux, on a au moins le sentiment d'exister, l'impression de compter pour quelqu'un, d'être reconnu pour ce qu'on fait... »

Vivre, cohabiter avec la souffrance, rencontrer la violence de certains soins, tenter d'atténuer l'injustice de la maladie, proposer un accompagnement médicamenteux, chirurgical ou de premiers soins, accompagner la vie chez ceux qui vont la quitter, autant de démarches éprouvantes et énergétivores, qui demandent, outre des compétences, de l'humilité, de la cohérence et de la ténacité pour rester présent au présent. Non seulement pour tenir le coup, faire face et être efficient, mais pour demeurer entier, vivant, disponible au quotidien des soins.

En effet, au-delà des soins médicaux, chirurgicaux, infirmiers, au-delà des soins journaliers, tous les accompagnants de la santé savent aujourd'hui l'importance des soins relationnels. Cette vigilance au présent, ces petits gestes, ces regards, ces attentions, cette écoute du silence des mots pour mieux entendre la violence des maux.

Soignés et soignants ne sont pas sensibles

et ouverts aux mêmes attentes et aux mêmes préoccupations. Chacun est habité par des priorités qui n'ont pas la même intensité, la même urgence.

Les uns sont soucieux d'une qualité de présence assurée non seulement par de la disponibilité et de la gentillesse (qui ne manquent pas chez la plupart des soignants), mais aussi par des besoins et des attentes reliées à une compétence communicationnelle, une centration, une congruence avec ce qu'ils vivent aux différentes étapes de leur maladie.

Les autres se débattent dans des problèmes d'horaires, d'ajustements, de cohérence d'équipe, de contacts plus ou moins positifs avec la famille du malade et de tout ce qui va résonner aussi bien dans leur propre corps, que dans tout ce qui peut les atteindre ou les menacer dans leurs relations proches. Car toute maladie dépose, diffuse son relent d'angoisse et de peur tout autour d'elle.

Nous savons aujourd'hui combien les métiers de soignant sont difficiles et éprouvants dans le sens où ils mettent à l'épreuve des croyances, des pratiques et des expériences intimes.

Il m'a paru important d'écouter les femmes et les hommes exerçant ces fonctions, pour

leur permettre de se reconnaître dans leur
cheminement, pour exister à part entière dans
le processus de retour à la santé, à l'équilibre
physique et psychique auquel ils participent.

« Chaque fois que je suis malade, je
deviens toute petite. J'ai envie d'appeler
maman, qu'elle soit là toute pour moi, avec
son regard, ses mains sur moi, son odeur,
ses lèvres sur mon front. Je sais alors que
j'ai commis une très grave erreur, celle
d'avoir voulu grandir ! »
(une femme dans une salle d'attente)

Rencontre avec la maladie

« Qu'est-ce qui vous amène aujourd'hui ?
– Eh bien comme d'habitude, je viens pour
les médicaments. Et puis aussi pour la tension, ça va pas en ce moment, la tête me
tourne le matin quand je me lève et le midi
quand j'ai fini de souper... et le soir aussi
quand j'enlève mes bas, je me redresse et ça
tourne, ça vire, ça me jetterait à terre... Et j'ai
mal, euhlamondieu c'est-y possible de souffrir comme ça, j'ai mal j'ai mal j'ai mal... »

Martin Winckler
La Maladie de Sachs

Tomber malade, être malade, entrer en
maladie ne peut être le fait du hasard, ni celui
d'un effet du destin, encore moins le résultat
d'un concours de circonstances fâcheux... ni
tout à fait la simple résultante d'une pathologie répertoriée, comme il serait plus facile de
le croire.

Toute maladie, au-delà des éléments déclencheurs liés à une cause présumée ou repérable
(irruption d'un virus, travail souterrain d'un
bacille, déséquilibre issu d'un dysfonctionne-

ment, de l'usure ou de la saturation d'un organe), a, j'en ai la conviction profonde, toujours un sens. Une signification liée à notre histoire passée, présente ou anticipée.

La médecine d'aujourd'hui dispose de multiples moyens, de possibilités inouïes pour décrypter, analyser et déboucher le plus souvent, plus ou moins rapidement, sur un diagnostic fiable. C'est une médecine de préven-

tion (de plus en plus efficiente), de réparation, d'une efficacité extraordinaire pour supprimer les symptômes et les manifestations gênantes, pour diminuer les troubles ou réduire la souffrance, et peut-être aussi une médecine de répétition et d'aveuglement, car elle collabore implicitement au développement de troubles secondaires qui parfois deviennent majeurs. Nous allons en parler plus loin.

Incontestablement, les médecins et les équipes soignantes disposent aujourd'hui d'un arsenal technologique et thérapeutique qui leur permet de soigner avec une efficacité redoutable, mais qui les confronte en même temps à la difficulté de guérir !

Dire « soigner avec une efficacité redoutable » peut sembler paradoxal si nous n'entendons pas que les symptômes sont aussi des langages et que si nous les supprimons trop vite en les « traitant », c'est comme si on les bâillonnait, comme si on les réduisait au silence ! C'est ce qui peut expliquer aussi ces mises en maux récurrentes, qui resurgissent quelques années plus tard, malgré la réussite apparente du traitement !

Certains soignants acceptent de reconnaître les limites de cette dynamique liée à des soins trop interventionnistes, d'autres pas du tout ou avec réticence. Guérir supposerait aller plus loin que la disparition des symptômes et des troubles, pour permettre au malade d'accéder au sens, à la fonction cachée de cette mise en maux qui fait irruption dans sa vie.

Le patient d'aujourd'hui est d'ailleurs de moins en moins patient. Soit il est prêt à tout, y compris à un compromis avec le magique et l'irrationnel pour chercher de l'aide, d'où une fuite vers des mages guérisseurs de tout acabit ; soit il se transforme en expert et en apprenti sorcier « psycho-écolo-pharmacophage », au courant de tout ce qui arrive sur le « marché de la santé » ; soit encore il se veut coauteur de sa guérison et aspire à participer au décodage symbolique de ce qui lui arrive.

Dans ce dernier cas, celui qui est atteint d'une affection ne veut plus être seulement soi-nié (ou soi-niais) mais il veut vraiment gai-rire ! Cela veut dire aussi se réconcilier avec son corps, réapprendre à se nourrir autrement, à se protéger des pollutions diverses qui l'entourent, à se respecter au sens profond du terme.

Ainsi, quand nous conscientisons qu'une maladie peut être entendue, reconnue comme un langage qui parle, qui se crie même chez certains, nous pouvons susciter chez un malade une écoute possible, l'inviter à dialoguer avec elle. Nous pouvons l'aider à entendre qu'il y a un message, un discours de son corps au travers d'une mise en maux, qui tente à la fois de dire et de cacher l'indicible. Et comprendre ainsi que le silence des mots réveille la violence des maux, que le mal-à-dire (mal-à-dit) peut se concrétiser par une somatisation.

La recherche du sens de telle ou telle mise en maux peut être laborieuse et difficile. Chaque individu est unique et son histoire personnelle rejoint la complexité du croisement de deux lignées familiales, aux ramifications labyrinthiques et souvent secrètes, porteuses de non-dit et de secrets de famille qui vont peser et jouer un rôle essentiel dans la relation au monde de chacun.

Les pistes que nous proposons sont les suivantes.

L'irruption d'une maladie, d'un dysfonctionnement, d'un trouble ou l'arrivée d'un accident, peut être liée au réveil d'une blessure de l'enfance, à la réactivation d'une situation inachevée que l'on n'a pas écoutée en son temps !

Ce peut être aussi en relation avec l'« hémorragie affective » surgissant suite à une séparation imposée, la violence d'une rupture non souhaitée, la perte d'un être chair et cher !

Ce peut être encore l'expression d'une fidélité (loyautés et fidélités invisibles mais si tenaces), la mise en œuvre d'une mission de réparation à l'égard d'ascendants ou de descendants...

Ou, plus directement parfois, la manifestation d'un conflit intrapersonnel dont le seuil de tolérance est atteint et qui implose pour tenter de se dire quand même.

Etre malade, entrer en maladie, peut donc s'entendre comme une invitation bouleversante de notre corps à mieux nous entendre et nous respecter.

Ce peut être :

• Une sollicitation pressante à mieux écouter la relation parfois disqualifiante que nous avons avec lui, ou encore un appel pour changer de rythme de vie, pour plus de tolérance à l'égard de nous-mêmes, moins de perfectionnisme, de renoncement ou de sacrifice !

• Une invitation à mieux se respecter vis-à-vis d'autrui, et surtout face aux personnes proches ou aimées.

- Une incitation à ne plus se laisser définir, un signal pour oser entendre et nommer l'innommable, pour crier l'insupportable, pour émerger enfin du silence...
- Un signal pour accepter de changer de vie, pour mieux se définir, se positionner ou s'affirmer.

Quand des symptômes apparaissent, la maladie a déjà navigué en nous. En général, quand le diagnostic est établi, nous avons déjà perdu pas mal de notre autonomie et nous sommes déjà entrés en dépendance. Nous découvrons l'inquiétude de nous sentir démunis, l'angoisse d'être impuissants (croyons-nous) et nous recherchons à tout prix la solution, la guérison miraculeuse. Nous souhaitons, pour la plupart d'entre nous, être l'objet d'un coup de pouce du destin, d'un miracle, d'un soignant extraordinaire pour retrouver la santé, le bien-être, la vie « comme avant ! ».

Alors la tentation est grande de s'en remettre à un soignant tout-puissant, détenteur d'une technologie de pointe, qui se proposera de nous débarrasser au plus vite de ce que beaucoup de malades considèrent comme un malheur, une injustice ou un coup du sort.

Dans les cas qui paraissent les plus désespérés, nous recherchons un magicien, une intervention divine.

Mais de plus en plus de femmes et d'hommes pressentent qu'au-delà des soins médicaux, chirurgicaux ou d'assistance matérielle, ils ont besoin de soins relationnels. C'est-à-dire d'un ensemble d'actes, d'attitudes, de propositions symboliques pour accompagner

la maladie. Qu'ils ont besoin d'une écoute spécifique, d'un regard de l'entourage pour ne pas
être confondus avec leur maladie, pour être
différenciés de l'« affection » qui a envahi,
brutalisé leur corps et désorganisé leur vie.

Ils sont de plus en plus demandeurs d'une
écoute centrée, d'une écoute et d'une relation
privilégiée de la part du soignant. Ils souhai-
tent une écoute active. J'appelle écoute active
celle qui permet réellement à celui qui parle
d'entendre ce qu'il dit, qui l'aide à prendre
conscience des enjeux qui se jouent quand une
maladie arrive, s'accroche, quand un accident
brise et disloque son corps.

Un accompagnement qui permette justement d'accéder au sens de cette mise en maux
qui surgit dans l'espace et l'histoire de leur vie.

Combien de fois ai-je entendu dire : « Ce
cancer m'a sauvé la vie » ou encore : « Sans
cet accident, je ne serais pas l'homme (ou la
femme) que je suis devenu(e). » Cela confirme
bien que les « mal-à-dit » ont besoin d'être
médiatisées par une écoute réelle de leur sens
profond.

Le travail à faire est ardu, complexe, parfois
labyrinthique, car au-delà du désarroi, de la
souffrance ou du désespoir qui souvent nous

envahissent à l'annonce d'un diagnostic, nous pouvons ainsi écouter ce que notre corps tente de nous dire, nous pouvons commencer à établir des reliances, des ponts, des passerelles entre différents aspects et événements de notre vie passée et actuelle. Nous pouvons nous approcher au plus près d'une vérité qui n'ose se dire, d'une découverte inacceptable, d'une violence réprimée, d'un désir censuré, autrement que par l'alibi d'une somatisation

ou d'une mise en maux sur notre corps. Travail d'archéologie familiale, intime, que seul peut faire celui dont le corps manifeste et parle avec un mal-à-dire !

Guérir consisterait, dans cette optique, d'une certaine façon à se libérer d'une infidélité à soi-même ou à sa propre vie pour devenir plus congruent, plus en accord avec soi, avec ses ressources et ses limites.

Pour aller au-delà
du « C'est psychologique ! »

« Qu'avez-vous ?
– Eh bien, je ne sais pas, c'est à vous de me le dire ! Moi, je ne suis pas médecin. »

Martin Winckler
La Maladie de Sachs

« C'est psychologique ! », ou encore : « Ce doit être psychologique ! » Qui n'a pas entendu de la part d'un médecin, d'un ami bien intentionné cette expression déposée sur lui ? Ces affirmations, énoncées comme des constats, en effet, sont à la mode, elles sont utilisées couramment tant dans le grand public que par les soignants ou autres spécialistes de la santé.

« C'est psychologique » laisse souvent croire que c'est dans le psychisme seulement qu'un mal sévit, et celui qui se trouve face à ce constat a l'impression que sa douleur physique et sa souffrance réelle sont niées. Il peut avoir le sentiment pénible que les manifestations concrètes de son corps sont vues comme anodines ou mensongères. Comme s'il lui était dit, sans que ce soit énoncé expressément, qu'« il le fait exprès », que c'est un fabulateur ou qu'« avec un peu de volonté, bon sang, il pourrait faire autrement ! »...

« C'est nerveux » a précédé durant long-temps le « C'est psychologique ». Dans mon enfance, il y a un demi-siècle, les maux inex-plicables étaient qualifiés de « nerveux ». Expression vague, chargée d'expectative et de pouvoir occulte, qu'utilisaient parfois nos mères et nos grand-mères, d'un air entendu, ce qui épaississait encore plus le mystère.

Pour l'homme de l'art, le médecin de famille, « C'est nerveux » signifiait surtout qu'il se reconnaissait comme incompétent, dépassé, que dans son arsenal thérapeutique il n'avait rien trouvé pour cette affection-là, qu'il fallait simplement attendre que « ça se calme » ou voir ailleurs. Et cet ailleurs aléa-toire, inquiétant, laissait le malade passif et l'entourage désemparé. Le patient se trouvait renvoyé à lui-même, ce qui était justifié, dans un certain sens, mais sans dépassement envi-sageable, sans aide, sans indication d'une piste possible. Parfois cela devenait de plus en plus énervant et nerveux pour lui, ce qui fournissait un alibi à l'entourage pour le mar-ginaliser.

« C'est une maladie nerveuse » était quelquefois une façon pudique de désigner l'incompréhensible, la maladie mentale, la folie ?

« C'est dans la tête que ça se passe » est une expression qui circule encore de nos jours. Equivalent plus familier du « C'est psycholo-

gique », elle est souvent reçue comme ana-
thème. Les malades qui l'entendent ont le sentiment que c'est de leur faute ou que leur mal
n'est pas tout à fait réel, en un mot : imaginaire (nous sommes au pays de Molière !).
Cette expression semble porteuse de deux sens
opposés :

• « C'est dans la tête », donc on ne peut rien
faire, le mal se trouve hors de notre influence.
La maladie obéit à des forces irrationnelles,
mystérieuses, inaccessibles, qui « d'ailleurs
doivent être justifiées car il n'y a pas de fumée
sans feu... ».
• « C'est dans la tête » exprime aussi
une croyance devenue quasiment une théorie
populaire : « De toute façon l'inconscient
nous mène par le bout du nez et donc je
n'ai pas de prise sur lui, il y a tout un monde
intérieur qui m'échappe, je suis impuis-
sant face aux manifestations incompréhen-
sibles de mon corps comme à celles de mon
esprit. »
• « C'est dans la tête » peut vouloir dire, à
l'inverse, qu'il suffirait d'un peu ou de beaucoup de volonté, d'attention, de vigilance pour
ne pas être malade ou pour guérir tout de
suite. Ceci pour les tenants de la croyance :

« Si on veut on peut, de toute façon l'inconscient n'existe pas, c'est une invention des
psys... ! »

Par ailleurs, ce « C'est dans la tête » peut
parfois être entendu comme de nature organique, les mots étant pris à la lettre. Une petite
fille exprimait un soir à sa mère sa crainte des
loups :

« J'ai peur, je crois qu'il y a un loup derrière
le rideau.

– Mais non, lui répondit sa mère, il n'y a pas
de loup dans la chambre, il est seulement dans
ta tête. »

Et l'enfant terrorisée saisit son crâne à deux
mains en criant :

« Non, pas dans ma tête, pas dans ma tête ! »

Nous connaissons un homme qui après avoir
entendu l'expression « C'est dans votre tête que
cela se passe ! » de son médecin traitant s'en fut
demander à l'hôpital un examen au scanner
pour déceler une éventuelle tumeur, qui aurait
pu expliquer ses angoisses et sa fuite des idées.

Toutes les expressions du type « C'est psychologique » devraient être aujourd'hui ban-
nies, car elles déposent une étiquette qui
n'aide pas réellement. Ces déclarations sont
doublement dangereuses : pour celui qui les
prononce, et pour celui qui les reçoit.

Celui qui énonce un « C'est psychologique » charge l'autre de sa propre impuissance et d'une certaine façon le culpabilise, il semble s'en laver les mains. Il serait plus honnête s'il reconnaissait qu'il est démuni pour comprendre le sens du symptôme qu'il voit, pour en saisir les causes et le message, du moins pour l'instant.

Celui qui reçoit cet énoncé « C'est psychologique » est laissé dans l'expectative et l'inquiétude, il est marqué d'un étiquetage qui ne lui permet pas de s'engager dans une voie d'exploration, de reconnaître sa maladie, de nommer son malaise, de faire quelque chose à son niveau à lui.

Le « C'est psychologique » peut devenir une sorte de pirouette pour le consultant qui n'ose pas dire son impuissance, et pour le malade qui l'adopte sans autre réserve, et tente de disqualifier ainsi à la fois sa douleur physique et sa souffrance morale.

Peut-être faut-il accepter que les « C'est psychologique » ont fait leur temps, qu'ils sont à mettre aux oubliettes de l'histoire ; n'acceptons plus leur dépôt sur nous.

Nous voici maintenant, depuis quelques années, aux prises avec une expression qui fait fureur : « C'est psychosomatique. »

Cette expression fleurit dans les consultations et les conversations, dans les journaux, chez le coiffeur... Elle connaît une vogue certaine, elle est adoptée et par les médecins et par les malades.

Plus subtil et plus au goût du jour que le « C'est psychologique », le « C'est psychoso-

matique » renvoie à un lien entre le corps et le psychisme.

Cette formulation nous a fait faire un grand pas dans la compréhension de la relation étroite entre les manifestations physiques et les conflits intrapsychiques. Elle a permis de sortir des nosographies matérialistes, organicistes, elle a ouvert l'éventail de la compréhension sur l'origine de certains maux répétitifs. Elle a surtout favorisé une écoute plus grande, plus ouverte, plus attentive du patient, en le mettant au centre de la scène, en ne le réduisant plus à être un porteur de symptômes. Elle lui a permis de se relier à son histoire relationnelle, familiale, amoureuse, professionnelle.

Cette notion nous apparaît toutefois dépassée, car elle se base sur un lien de causalité : une cause d'ordre psychique (conflit, stress, perte, séparation) serait à l'origine d'un trouble organique. Le psychosomatique serait une cause supplémentaire à rechercher, parmi d'autres étiologies.

Gardons-la comme un simple repère historique pour baliser l'évolution de la pensée médicale, qui a beaucoup progressé grâce à elle, malgré des résistances et des oppositions.

Le modèle linéaire ainsi avancé ne peut traduire la complexité du réseau des significations multiples par lequel un être existe au monde.

La médecine actuelle n'a pas encore compris l'interaction des multiples langages du corps, pas plus que la psychologie n'a saisi comment s'effectuent les échanges entre le physique, le psychisme et le spirituel.

C'est un langage symbolique ou métaphorique

Nous proposons de sortir du système de causalité, de ne pas nous enfermer trop dans la recherche des causes ou celle de l'évaluation des effets, pour proposer et chercher, avec la personne atteinte d'une maladie, une autre écoute, celle du sens de ses maux. Toutes les manifestations physiques pourraient être entendues comme des signes, des informations codées, des avertissements ou des appels envoyés à l'intéressé ou à son entourage par son propre corps.

Les passages à l'acte somatique (nous pouvons nommer ainsi toute agression, toute violence sur le corps faites soit par un tiers, soit par la personne elle-même) sont des messages.

Je vais faire référence ici à deux notions. Celle de **participation** : nous sommes partie prenante dans tout ce qui nous arrive, de tout ce qui surgit nous concernant. Et celle de **responsabilisation**, non dans le sens de « C'est de ma faute » mais dans celui d'une meilleure conscientisation des conséquences de mes actes et de mes choix de vie.

Le corps est le plus fidèle compagnon de notre existence, et certainement de nous-mêmes. Il émet en permanence des signaux en direction de la vie : joie, confiance, peur,

refus, retrait, lâcher-prise, élans, comportements orientés autour de deux grands mouvements : ouverture, fermeture.

Quand le respect de nous-mêmes est mal-
mené, quand nous nous faisons des infidélités
à nous-mêmes, quand nous faisons violence à
la cohabitation que nous avons avec lui, le
corps peut tenter de nous prévenir. Par des
symptômes, par des maladies ou accidents
interposés, il veut nous avertir que nous avons
pris une fausse route, opté pour des choix
erronés, oublié le respect d'un seuil de tolérance. Il tente aussi de dire ou de ne pas dire
une blessure relationnelle, une impasse inté-
rieure, une déviation du sens de notre vie.

Il n'existe pas à ce jour de Champollion
connu pour décoder les messages du corps et
établir un alphabet commun. Chacun devra
être son propre archéologue pour décrypter
les signes intimes et personnels que son corps
lui envoie. Les langages du corps et les messages de la vie ne peuvent être entendus que
dans un système de mise en relation spécifique à chacun.

Lorsque ne sont pas entendus les signaux
qui plaident pour une réorientation de vie, la
vivance de la vie peut s'user, se détériorer à
plusieurs endroits et laisser apparaître des

lieux et des zones de fragilisation, des failles par lesquelles la vitalité s'écoule, par où la violence et la mort peuvent s'engouffrer.

Il ne s'agit plus ici de chercher la cause ou l'origine d'une maladie ou de repérer l'élément déclencheur toujours présent (qui débouche le plus souvent sur une explication qui va recouvrir le véritable sens de la mise en maux), ou de sonder le terrain favorable ou fragilisé, mais d'entendre le sens du message. Message envoyé par notre corps non seulement à notre corps, mais aussi à des personnes significatives de notre vie.

Et d'accepter que l'irruption de la maladie et son écoute peuvent nous apprendre quelque chose de plus nécessaire, d'indispensable quelquefois, à un rééquilibrage de notre vie. Comme sortir d'un non-dit, prendre une décision, affirmer plus clairement un positionnement, se déprendre d'une dépendance, accepter le deuil d'une image de soi, celui d'un être cher, faire le deuil de celui ou de celle que nous aurions voulu être, renoncer à des illusions : autant de chemins possibles pour aider une somatisation à lâcher prise une fois le message délivré.

Face à tous les « pourquoi » (pourquoi cela m'arrive-t-il à moi ? pourquoi maintenant ?

pourquoi tel symptôme, à tel endroit ?), nous proposerons, plutôt que des réponses stériles à base de « parce que », d'établir des reliances, de rapprocher des événements et des faits, de les relier ensemble...

• Pour que se manifeste et s'extériorise enfin cette blessure affective présente, lointaine ou plus archaïque dans notre développement.

• Pour que se concrétise plus nettement la perception d'une fidélité, d'une mission acceptée ou imposée vis-à-vis de l'un ou l'autre des parents par rapport à un événement qu'il a vécu à l'âge que j'atteins aujourd'hui.

• Pour mieux entendre que j'entretiens des culpabilités, que je paie des dettes par autopunitions.

• Pour lancer un appel à mes proches, pour avoir un peu plus de leur attention, de leur amour, de leur écoute (la somatisation est parfois le seul langage entendu et entendable par l'entourage).

• Pour instaurer un temps d'arrêt et de réflexion, voire de régression, dans la course-poursuite de ma vie.

• Pour que s'incarnent des affects trop

déconnectés de la réalité, que s'actualisent des sentiments refoulés.

• Pour que j'entende enfin ce que dit mon être profond réduit au silence depuis des années.

• Pour me réveiller à des valeurs oubliées.

• Pour accéder à une plus grande fidélité à moi-même peut-être ?

Cette recherche sur la finalité (non pas le pourquoi, mais le pour quoi ou pour qui) d'une maladie n'est pas aisée.

Elle nous oblige à changer de regard, à modifier nos processus mentaux.

Elle nous invite, par un travail long et inventif, à repérer le sens allégorique des symptômes.

Elle nous entraîne à entendre les maux comme des métaphores.

Il nous faudra patiemment, douloureusement parfois, retrouver les messages reçus, les missions attribuées, les injonctions subies, les loyautés invisibles qui ont tissé notre existence.

Il nous faudra non seulement nous relier à notre histoire actuelle, mais aussi à notre histoire passée, oubliée, enfouie. Et nous prolonger par une quête sur deux ou trois générations, dans l'histoire de nos parents, de nos géniteurs.

Dire que les maladies sont des langages symboliques, c'est tenter d'appréhender l'être vivant dans ses multiples ramifications, de le percevoir comme émetteur et récepteur d'une multitude de messages, qui l'unissent à tout un insondable de mystères, de non-dits tissés dans la trame des générations et qui ainsi peuvent le projeter jusqu'aux confins de l'univers.

Toute maladie, dans cette perspective, est signifiante à la fois d'une cause et d'un sens et porte en elle une potentialité de guérison affective ou spirituelle. Elle peut être le germe d'une naissance nouvelle.

« Je ne veux pas que tu tombes malade, maman, disait une petite fille à sa mère. Parce que quand on tombe, on peut se faire très mal au dos ! »

(entendu dans un train)

Nous avons de multiples langages
pour nous dire...

lui, il parle avec son corps
et aussi quelquefois
avec beaucoup de maux

lui aussi parle avec
des maux... sur
l'autre

lui, il parle avec
une fuite en avant
impétueuse

ils se parlent
avec le coeur

il se dit dans
le FAIRE

il croit se reposer
en se saoulant de
fumée et d'images

il travaille dur pour
échapper au stress
qu'il suscite

quand le corps lâche, si
fatigué d'une cohabitation
avec nous-mêmes devenue
invivable

quand il est trop tard
pour prendre soin
de son corps

Proposer des soins
relationnels

> « Je ne viens pas vous voir pour être guérie,
> je viens vous voir pour être vue comme
> malade. Sinon ma famille ne me croit pas.
> Vous savez, je compte vraiment sur vous. Ne
> commettez pas l'erreur de vouloir me guérir
> comme vos collègues, sinon moi je vous
> quitte ! »
>
> Martin Winckler
> *La Maladie de Sachs*

Ce changement de regard sur la maladie et
sur la santé m'a poussé à introduire un nouveau concept : celui de soins relationnels.

En allant au-delà de l'établissement d'un
diagnostic, d'un pronostic, des propositions
de traitement ou d'une intervention chirurgicale, le soignant pourrait offrir des soins relationnels.

Avec Balint et ses successeurs, l'accent avait
été mis sur la relation médecin-malade en
invitant les soignants à se mettre à l'écoute du
retentissement en eux-mêmes de la maladie et

des comportements du malade à leur égard. Ceci pour leur permettre de mieux utiliser leurs propres affects dans l'accompagnement thérapeutique.

Une méthodologie de soins relationnels irait au-delà de ces notions. Elle supposerait que le soignant accepte de prendre sur lui, non seulement la suppression de la souffrance ou la réduction des effets de la maladie, mais la rigueur et le recadrage d'une démarche d'écoute, difficile et douloureuse, car chargée de nombreuses résonances pour lui-même, permettant au malade d'entendre enfin ce qu'il crie avec des maux.

Les soins relationnels s'appuient sur une écoute active des symptômes et de l'histoire du malade. Ils consistent en un ensemble de gestes, d'attitudes, de comportements, de propositions symboliques et de mise en mots proposés à une personne en difficulté de santé, pour l'inviter à se mettre à l'écoute d'elle-même, et à s'interroger sur les messages envoyés par sa maladie.

Ces soins relationnels, centrés sur la personne du malade plus que sur l'affection proprement dite, devraient lui permettre :

• De mieux se relier à sa maladie, en se différenciant d'elle :

« Je ne suis pas un leucémique, je suis porteur d'une leucémie. »

« Je ne suis pas un diabétique, je suis atteint d'un diabète, le mien, qui n'a pas le même sens que celui de mon voisin. »

• De se relier à son traitement et d'établir avec lui une relation positive. Combien de malades entretiennent avec leur traitement une relation négative, ambivalente, voire de haine ?

« C'est dégueulasse ce que le docteur m'a donné, ça bousille mon estomac, depuis que je prends cette saloperie, je n'ai que des ennuis... »

• De clarifier les relations significatives avec son entourage et de mieux comprendre l'impact de son « affection » sur eux.

Car l'affection, la folie d'un seul membre d'une famille, peut réveiller la folie de chacun des membres de cette famille.

• D'établir des reliances avec l'histoire de ses géniteurs ou de ses ascendants, et aussi avec celle de ses descendants. Car nos enfants sont très habiles pour nous envoyer des signaux concernant nos propres non-dits, nos blessures cachées, nos situations inachevées :

« *Qu'est-il arrivé au même âge à mes parents ?* »

« *Que m'est-il arrivé au même âge que celui atteint par mon enfant aujourd'hui ?* »

• D'établir des reliances entre des événements actuels et des événements significatifs de son enfance et adolescence :

« *Je n'avais jamais établi de relation entre ce qui s'est passé avec mon père, qui venait le soir dans ma chambre, et mon échec en première année d'université, et ma fuite vers une ville distante de neuf cents kilomètres, ni avec les infections vaginales que je faisais à cette époque...* »

• D'accéder ainsi au sens de sa maladie en retrouvant les blessures originelles de son histoire de bébé, d'enfant, d'adolescent. D'établir des liens, des rapprochements entre des faits, des événements et des actions qui prendront sens à partir de cette mise en relation. De chercher où se trouve le conflit ou le désordre intérieur que signale parfois une affection :

« *Quand mon père s'est suicidé, j'ai eu un immense soulagement, je croyais que c'était pour ma mère, j'ai compris plus tard que cela concernait ma sœur et la culpabilité que j'avais de l'avoir laissée seule dans les pattes de mon père, après mon départ... J'ai encore besoin de nettoyer tout cela en moi, d'en parler à mes propres enfants... »*

Il s'agira également d'inscrire les faits corporels dans une représentation qui prenne en compte et restaure la dimension symbolique de la maladie. En favorisant une relation de meilleure qualité avec celle-ci, cette démarche est susceptible de réveiller des énergies nouvelles et permettre ainsi une meilleure utilisation de son potentiel énergétique :

« Au début je considérais mon cancer avec haine, je voulais le tuer, me débarrasser de lui. Et puis j'ai compris qu'il était entré dans ma vie, pour me dire quelque chose. Qu'il fallait que je l'écoute et, pour cela, peut-être commencer à prendre soin de lui. Je surprends autour de moi quand je dis cela. Je veux dire par là que j'ai appris à le symboliser par un objet que j'ai porté sur moi, durant deux ans. Objet que j'emmenais en promenade, auquel je faisais écouter de la musique, à qui je lisais des poèmes qui ont marqué ma vie. Paradoxalement, j'en suis arrivée à établir une relation de bienveillance avec ce can-

cer. Au lieu de le rejeter et de le vomir, je lui ai fait une place dans mon existence. Je crois que c'est cela qui m'a permis d'entendre tout ce qui se jouait autour de lui. Aujourd'hui il a disparu, mais je garde, non pas sur moi, mais dans un coin de mon bureau, l'objet symbolique qui l'a représenté et qui me rappelle combien, je n'ai pas honte de le dire, je lui suis reconnaissante, car sa venue a modifié totalement la relation

que j'avais avec ma mère, relation jusqu'alors pleine de ressentiments, d'accusations et de rejets. Aujourd'hui je peux reconnaître que je l'aime et même si elle n'a jamais été la maman que j'aurais souhaité avoir, elle est une mère présente, solide, affectueuse a minima, mais affectueuse quand même ! »

" Je veux bien écouter ce que tente de me dire cette tumeur, mais je ne veux pas entendre que je pourrais en être responsable ! **"**

(un malade)

Du soin nécessaire
à la guérison possible

Proposer des soins relationnels devrait donc permettre non seulement de mieux soigner, mais aussi d'envisager de rééquilibrer des énergies désorganisées et, en favorisant chez le malade un accès possible au sens de sa maladie, de faire un saut qualitatif et de pouvoir s'ouvrir à la guérison. La grande réussite mais aussi la limite de la médecine contemporaine comme de la chirurgie, c'est qu'elles savent de mieux en mieux soigner, sans pour autant nécessairement guérir.

La plupart des malades ne tiennent pas à ce que les soignants restent des techniciens et des soi-niants. Ils espèrent plus. Qu'ils ne se contenteront plus de soigner (et de soi-nier), mais qu'ils aspireront à devenir des agents du gai-rire, qu'ils participeront à une aventure extraordinaire, celle de permettre au malade de retrouver le plaisir de vivre et d'être plus vivant.

Gardons-nous cependant de promouvoir trop vite de nouvelles étiquettes parfois nécessaires mais qui risquent de devenir des passe-partout ou trop réductrices, telles que : « C'est relationnel », « C'est psychofamilial », « C'est transgénérationnel » ou « C'est symbolique », « C'est psychobiologique ! »

Acceptons les étapes d'une réflexion en devenir, elle-même limitée, tenue en attente par l'état de notre compréhension, freinée par notre capacité, nos aveuglements et surdités, à entendre et à relier.

Aujourd'hui, nous en sommes là. Nous pouvons tenter d'entendre les maladies comme des langages métaphoriques et symboliques porteurs de sens et nous aventurer sur un chemin délicat, semé d'embûches, de résistances et de contresens possibles.

C'est cela que j'ai commencé à apprendre, quand j'ai découvert que surgit dans un corps, dans une vie, la violence des maux quand ils sont les cris du silence des mots. C'est comme cela que je comprends l'accompagnement possible d'un patient avec l'aide de soins relationnels pour l'ouvrir à la guérison.

Soins relationnels
au quotidien

Quelques repères simples
pour une communication
plus relationnelle que réactionnelle

• Je peux choisir de commencer tout échange par une invitation, une proposition à se dire, par une stimulation en m'appuyant sur un ressenti personnel ou un vécu commun.

• Je peux veiller à utiliser le JE et non le ON qui dépersonnalise et je peux refuser le TU d'injonction qui voudrait me définir ou m'étiqueter.

• Je peux me centrer sur la personne et non sur le problème ou le discours qui est tenu. En me rappelant que c'est celui qui parle qui veut être entendu.

• Je ne discute jamais des croyances ou des points de vue de l'autre. Je peux confirmer que j'ai bien entendu son point de vue ou son ressenti. J'accède ainsi à plus de tolérance en tenant compte de la différence des perceptions et des positionnements qui me sont propres et ceux qui appartiennent à l'autre.

• Je propose l'échange sur une base d'apposition et non d'opposition. Pour cela je peux apprendre à confirmer ce qui vient de l'autre comme étant bien chez lui et lui appartenant.

• J'évite de couper, de nier ou de disqualifier la position de l'autre, mais je sais manifester fermement mon intention, exprimer mon désir ou projet et dire ma position.

• Je ne prête pas d'intentions négatives à l'autre, en développant un lâcher-prise sur la répression imaginaire et l'autopersécution qu'il est si facile d'entretenir.

• J'entends sa parole comme étant la sienne. Et je ne pratique pas l'appropriation ou la dynamique de l'éponge, je fais l'économie de ne pas me blesser avec ce qui lui appartient.

Je ne cherche pas à convaincre, mais je ne renonce pas pour autant à dire mon ressenti, mon point de vue, mon désir ou mon projet.

• Je ne porte pas de jugement sur la personne ou ses actions, mais je sais dire ma gêne, mon trouble ou ma colère... et aussi mon accord, ma satisfaction ou ma gratitude.

A partir de ce point, il est important de conscientiser qu'il nous vient d'autrui deux types de messages.

• Les messages positifs ou messages « cadeaux » à base de valorisation, de gratification, de soutien ou de confirmation de soi.

• Les messages négatifs ou messages « caca » à base de refus, de rejets, de dévalorisations, de disqualifications ou d'accusations et de reproches.

• Il m'appartient d'apprendre à recevoir, à garder ou à amplifier les premiers et à restituer les seconds à celui qui me les a envoyés.

• Je n'entretiens pas la communication indirecte. Si quelqu'un me parle d'un autre, je me centre sur celui qui me parle, sur son vécu, ses émotions, son point de vue. Je reste au contact de la personne qui me parle... d'elle.

• Je ne m'abrite pas derrière mon statut, ma fonction ou mes expériences. Je me situe au présent, dans l'ici et maintenant de la situation, en étant au plus clair avec la position relationnelle choisie : demandant, recevant, donnant ou refusant.

• Je ne m'empare pas, dans une relation, de ce qui appartient à l'autre. Je tente de respecter au maximum les canaux relationnels qu'il propose : parle-t-il d'un fait, d'une idée, d'un ressenti, d'une émotion, d'une croyance ? C'est celui qui me parle que j'écoute. Et j'attends d'être entendu par celui à qui je parle.

• Je sais la valeur des vérités relatives à mes croyances ou convictions et combien le ressenti, le vécu personnel et l'expérience intime ont besoin d'être entendus et reconnus, même (et surtout) s'ils diffèrent des miens.

• J'ai appris que nous sommes toujours trois dans un échange : l'autre, moi et la relation. Et qu'une relation, pour relier, agrandir et favoriser une croissance mutuelle, doit être nourrie, respectée et valorisée.

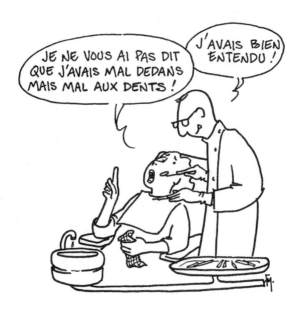

Sachant les liens étroits et importants qu'il y a entre la qualité des relations significatives qui traversent notre vie et l'état de notre équilibre interne ou de notre santé, je milite pour qu'un enseignement de la communication relationnelle voie le jour. Mon utopie la plus vitalisante est qu'un jour on apprenne dans toutes les écoles – école laïque, école libre, école de la vie – une grammaire pour des communications vivantes et des relations en santé. Cela au même titre que le calcul, le français, l'histoire ou la géographie.

Oui, j'E.S.P.E.R.E.* que soient enseignés un art de la communication non violente, de la mise en commun, une nouvelle approche de la relation qui permette à chacun d'être plus lui-même. Plus lui-même dans le respect de ses possibles, plus lui-même dans la responsabilisation et l'affirmation de soi, plus lui-même dans l'énergétisation de sa vie.

---

* D'après la méthode E.S.P.E.R.E. (Energie Spécifique pour une Ecologie Relationnelle Essentielle) que j'ai développée.

Respect de soi
et vie en santé

Un beau cadeau à l'égard de soi sera la prise de conscience que nous aurons à faire pour ne plus confondre trois termes, qui se mélangent parfois dans l'imaginaire de certains.

• Violences ou déplaisirs reçus : il s'agit des messages verbaux, des conduites, actes ou comportements qui ne sont pas bons pour nous.
• Blessures produites, réveillées ou réactivées. Les grandes blessures de notre histoire s'inscrivent en nous entre 0 et 10 ans. Elles se ramifient autour de la trahison (abandon, rejet), de l'injustice (non-reconnaissance), de l'humiliation (disqualifications et dévalorisations), de l'impuissance (être dans un rapport de force qui nous est toujours défavorable) et le non-amour (insécurité affective). Par la suite elles seront réveillées, réactivées au cours d'une vie d'adulte par différents événements surgissant comme des éléments déclencheurs.
• Souffrance produite ou induite : la souf-

france en ce sens serait le langage d'une blessure créée ou réveillée qui se met à saigner à l'intérieur de nous.

Ce n'est pas ce que fait ou ne fait pas l'autre, ce qu'il dit ou ne dit pas qui est le plus important en matière de relation humaine, c'est ce que cela touche chez moi. C'est bien à moi de m'interroger : « Qu'est-ce qui est touché en moi quand je souffre ? » Car la souffrance ne vient pas de l'autre, elle ne peut venir que de nous (réveil d'une blessure). Souffrance que nous entretenons parfois (par de l'autoviolence à base de ressentiments, de privations, de culpabilisations...), que nous stimulons en restant au contact d'une relation nocive ou toxique pour nous, ou en ne restituant pas symboliquement la violence reçue.

Se responsabiliser, cela voudra dire qu'il m'appartient d'entendre et de reconnaître ce qui est touché chez moi quand je me sens violenté par une parole, un comportement, une attitude ou un geste de l'autre. En me responsabilisant aussi face à mes manques, aux carences de mon histoire ou de mon enfance, sans entretenir ressentiments, accusations ou reproches sur l'autre, sans entretenir de dépendance (dans l'attente que l'autre me comprenne, répare ou me comble), je commence alors à prendre soin de moi.

Si je n'ai pas eu de père ou de mère, je peux m'occuper de mon manque par la reconnaissance et l'affirmation de mon besoin de père ou de mère.

Si je suis quitté par quelqu'un que j'aime encore, c'est bien à moi de prendre soin du sentiment que j'ai encore pour cette personne. De continuer à honorer ce sentiment et à le respecter en moi.

Si je ne peux concevoir le bébé que je voudrais avoir, je peux symboliser mon désir et m'en occuper sur un mode ludique et métaphorique.

Apprendre à prendre soin d'un besoin, d'un désir ou d'un sentiment est une des plus belles preuves de respect que nous pouvons nous accorder. Ce concept de « prendre soin d'un besoin, d'un désir, d'un sentiment, d'une maladie... » n'existe pas dans nos structures mentales, il nous appartient de nous familiariser avec lui par l'autoresponsabilisation. Ce concept appartient aux domaines gérés par le cerveau droit, alors que nous gérons la plupart de nos relations avec le cerveau gauche, qui est le cerveau du rationnel, du logique, de l'intellectualisation et de la technologie. En développant le cerveau droit, c'est tout un champ et un espace de liberté que nous nous ouvrons avec un imaginaire vivifié par une créativité active, ludique, imprévisible, par la rencontre avec l'irrationnel, par l'écoute des synchronicités qui vont surgir dans notre existence.

Tout événement a un sens et s'inscrit dans le projet d'un agrandissement de la vie, la nôtre et celle plus grande qui navigue autour de nous. La gestation et l'accouchement, la mise au monde d'une conscience plus ouverte et donc d'un accès au sens même de notre existence, constituent l'essentiel d'une formation aux soins relationnels.

" Ce cancer m'a sauvé la vie, disait une femme à un ami. Je ne serais pas celle que je suis devenue, si je n'avais pas traversé cette épreuve !... Je trouve, ajouta-t-elle un peu plus tard, que c'est quand même cher payé de devoir traverser toute cette souffrance pour grandir un peu ! **"**

❝ C'est quand je suis malade que je suis le plus proche de moi, que je vais à l'essentiel. Comme si la maladie était là uniquement pour me rappeler de ne pas trop m'éloigner de moi. ❞

(une lectrice)

Quelques clarifications
autour des soins relationnels

Les termes de « soins relationnels » que j'ai introduits dans l'accompagnement des malades recouvrent un concept central dont la définition est à considérer globalement, comme la partie d'un ensemble plus vaste, comme le maillon d'une chaîne. Il s'inspire en effet de l'esprit, des positionnements, des options théoriques et pratiques que j'ai développés avec la méthode E.S.P.E.R.E., pour favoriser le développement d'un mouvement que j'appelle de tous mes vœux depuis plusieurs années : celui d'une véritable écologie relationnelle qui puisse favoriser des communications vivantes et des relations en santé au quotidien de la vie de chacun.

Sans pour autant ni déprécier ni concurrencer l'approche et la pratique médicales actuelles centrées sur le biophysiologique agrémenté d'un zeste de psychosomatique, les soins relationnels se situent cependant à contre-courant de la tendance habituelle qui vise à réduire les soins à une dominante médicamenteuse, chirurgicale, ou à des soins infirmiers et de nursing. Ils nous amènent à nous situer sous l'angle relationnel et l'établissement de liens et de reliances, au-delà de l'improvisation et des tâtonnements habituels fondés sur les seules bonnes intentions, la seule bonne volonté et les seuls bons sentiments.

Les soins relationnels concernent une approche qui se situe en deçà ou au-delà des soins techniques médicaux ou paramédicaux ; en deçà ou au-delà d'une approche centrée essentiellement sur le corps du malade, c'est-à-dire sur ses organes. Car la spécialisation médicale de ces dernières années a fini par engendrer une réalité paradoxale qui conduit souvent à des impasses en termes de soins et de guérisons :

• Plus l'approche ou l'intérêt se focalise sur une partie du corps isolée de l'ensemble, plus le risque est celui d'un découpage, et donc d'une mise à distance du malade en tant que personne.
• Le risque sera de développer des cécités et des aveuglements qui seront autant d'obs-

tacles à l'écoute de la personne et de la maladie en tant que langage.

Les soins relationnels ne relèvent pas d'une
approche psychothérapeutique à proprement
parler. Ils ne se limitent pas non plus au seul

domaine des soins palliatifs. Ils appartiennent au champ de la relation d'aide ou d'accompagnement, et se situent de ce fait à l'interface du médical, du paramédical et du thérapeutique. Si les soins médicaux s'intéressent à la maladie en tant qu'objet de soins selon le principe : recueil des signes, examens, diagnostic, pronostic et traitement, les soins relationnels s'intéressent surtout au malade en tant que personne selon le schéma : rencontre avec la personne, écoute, restitution d'un entendre, mises en lien à resituer dans une histoire, prescriptions relationnelles ou symboliques et accompagnement par un suivi.

Si les approches paramédicales s'intéressent au corps en tant qu'espace de tensions, de stress, de blocages qu'il s'agit de dénouer, de détendre ou d'assouplir, les soins relationnels vont s'intéresser au sens et à la cause relationnelle des symptômes : que permettent-ils de dire ou de crier qui n'a pu ou ne peut se dire autrement ? Si les maladies sont des langages symboliques métaphoriques avec lesquels une personne en souffrance tente de dire et de cacher l'indicible, il faudra donc entendre le double mouvement paradoxal d'une somatisation qui sera de dire et de cacher à la fois.

Si les soins psychothérapiques vont se centrer sur l'approche psychologique et passer par la parole pour permettre des prises de conscience, ils se déroulent dans un contexte de neutralité bienveillante fondée sur la règle d'abstinence de la part du thérapeute ; les soins relationnels, par contre, passent par un engagement et une implication de l'intervenant (ordonnance relationnelle, propositions symboliques, implication corporelle, tendresse d'un geste...).

Si les soins palliatifs sont parfois proposés ou envisagés quand les soins médicaux traditionnels ont rencontré leurs limites, les soins relationnels s'inscrivent comme une démarche possible dès le début de la découverte de la maladie, au cœur même de toute forme de soin.

Les soins relationnels se situent au-delà du débat concernant la recherche des causes des maladies. Ils laissent de côté la question de savoir si les maladies sont « nerveuses », psychologiques, psychosomatiques, si elles se passent « dans la tête », ou si elles sont vraiment réelles ou imaginaires. Ils reposent sur l'hypothèse que toutes les maladies sont des langages à entendre en tant que tels.

Les soins relationnels ne se contentent pas de prendre en compte le sujet malade :

• Ils s'intéressent aussi aux relations du malade avec les personnages clés de sa vie, relations considérées comme des réalités à part entière.

• Ils font porter leur attention sur le registre des différentes relations concernées par le surgissement puis la présence plus ou moins envahissante de la maladie.

• Ils tentent de prendre en compte le malade en tant que personne globale mais aussi en tant qu'être de relation.

• Ils prennent en considération la souffrance qui vient de l'ensemble des liens blessés, meurtris, modifiés momentanément ou durablement par la découverte de la maladie, par les conditions de son apparition, par la confrontation brutale ou progressive avec cette nouvelle donne qu'est parfois la maladie, un accident, un handicap, une déficience, une invalidité ou une incapacité.

Quand survient la maladie ou l'accident, face aux interrogations, aux vicissitudes, aux préoccupations et aux inquiétudes qui surgissent au détour des démarches et des examens médicaux, à l'annonce du diagnostic ou du pronostic, face au handicap, à l'invalidité et tout au long du traitement, de la rééducation ou de la convalescence, nous sommes confrontés à une succession de miniséismes qui ébranlent nos existences et bouleversent nos repères habituels. Séismes qui chamboulent inévitablement et parfois profondément le rapport établi avec le monde, qui obligent à redéfinir, le plus souvent, une nouvelle constellation de liens et de relations. Ainsi la relation à soi-même en sera modifiée :

• Au présent :
– au niveau réaliste : changements introduits dans sa vie, gêne, invalidation avec arrêt de travail, démarches médicales, suivi des engagements en cours...
– au niveau du ressenti : image de soi, vécu (sentiment d'être en marge, exclu, inutile par exemple, réactivation de blessures anciennes ou de situations inachevées...).

• Par rapport au passé :
Interrogations, désarrois, culpabilisations ou occasions d'une réflexion plus approfondie sur sa vie, relecture des événements sur la base de cette nouvelle réalité...

• Par rapport au futur :
Remise en cause de certains projets, redéfinition d'objectifs nouveaux qui s'imposent à nous ou que nous choisissons.

La relation à l'entourage proche va aussi être déstabilisée : confrontation avec les réactions, le regard, l'écoute, le malaise, la gêne, la peur ou la panique parfois d'un entourage qui peut avoir envie soit de surprotéger, soit de fuir, soit d'éviter, soit de rejeter, soit encore de chercher à rassurer faussement. Des réaménagements sont nécessaires. Comment sont-ils négociés ? En protégeant l'entourage ? En trouvant des bénéfices secondaires ? Par un renforcement des liens ? Mais sur quelles bases ?

La maladie pousse aussi à inventer des liens nouveaux :

• Liens avec le personnel soignant : médecin(s) et autres personnes qui vont entrer en scène et qui vont être de ce fait plus ou moins bien acceptés et sujets à de nombreuses projections négatives parfois ou d'attachements d'autres fois...

• Liens à la maladie et au traitement : maladie et traitement deviennent de nouvelles données dans la vie du malade. Tels des protagonistes à part entière du scénario, ils méritent d'être considérés et nommés quelle que soit la façon dont ils sont vécus.

Les soins relationnels introduisent à une conception non hiérarchisée des interventions. Ils permettent que différents partenaires puissent se retrouver et échanger autour de préoccupations proches ou communes.

Ils ne se veulent pas une spécialisation de plus à l'intérieur du champ de la médecine ni une nouvelle sorte de thérapie, mais une démarche ou une pratique que chacun peut introduire à son niveau quel que soit son statut, sa place, sa fonction ou son rôle.

Ils peuvent être pratiqués par les différents acteurs du réseau de soin comme un « plus » : un esprit, une approche, une sensibilité que chacun peut développer en lui-même et offrir dans un geste, à travers un regard, une écoute, un silence, un sourire, une attention et un respect authentique de l'autre. Chacun garde toutefois sa place et sa fonction et arrime la pratique des soins relationnels à la spécificité de son intervention. Car recourir aux soins relationnels ne signifie pas se transformer en aidant, en accompagnant sans introduire une confusion et un amalgame des rôles.

Contrairement aux pratiques habituelles qui prévoient tantôt la constitution de groupes de parole pour des malades, tantôt des groupes d'expression, de supervision ou de réflexion pour des soignants, le concept de soins relationnels permet, à mon sens, d'envisager la création de groupes de parole et d'écoute ouverts à la fois à des malades, à leurs proches et à des soignants.

Ainsi, la maladie nous donne
rendez-vous avec quelques-uns
des non-dits de notre histoire,
tous ces *mal à dire*
qui encombrent notre corps
et cherchent une issue...
pour se faire entendre.

Douze piliers pour une pratique de la médecine relationnelle

Ce texte constitue la plate-forme commune aux membres de l'Association de médecine relationnelle*.

1. Entendre les maladies comme des langages symboliques.

2. Introduire le relationnel au cœur de chaque étape de la consultation.

3. Développer une écoute active respectueuse des règles d'hygiène relationnelle.

4. Proposer une écoute participative par la visualisation des éléments du message.

5. Oser une écoute interactive où le médecin apporte éventuellement son ressenti, ses propres images, sa propre compréhension.

---

* Association de médecine relationnelle : Dr Marie Gresillon, 7, avenue Foch, 65100 Lourdes, tél. : 05 62 94 91 20.

6. Différencier la personne de sa maladie, l'inviter à la nommer, la symboliser.

7. Non pas tant chercher à comprendre que permettre à la personne de s'entendre.

8. Permettre ainsi à la personne de se relier à son corps, à sa maladie, à son traitement, à ses soignants, à son histoire, aux personnes significatives de sa vie.

9. Faire des propositions symboliques, offrir contes ou poèmes.

10. Proposer des ordonnances relationnelles.

11. Reconnaître les capacités propres de la personne et lui faire confiance pour se guérir.

12. Accompagner la personne.

Et un 13e pilier : participer à un groupe de supervision et poursuivre sa propre formation.

1. Entendre les maladies comme des langages symboliques.

La maladie ne survient pas par hasard. Indépendamment de ses causes (cellules cancéreuses, microbes ou virus, accidents, troubles immunitaires, etc.), elle exprime ou cache ce qui ne peut se dire avec des mots. Elle plonge ses racines signifiantes dans les blessures enkystées dans le silence : conflits intrapersonnels, deuils, pertes, séparations, situations inachevées, missions, conflits de fidélité, symptômes de filiation...

2. Introduire le relationnel au cœur de chaque étape de la consultation.

Au cœur même des gestes et paroles de la démarche médicale habituelle, veiller au moindre message émanant de la personne pour l'écouter, l'entendre, le recueillir et lui permettre de s'entendre elle-même, dans le respect et la tendresse.

3. Développer une écoute active respectueuse des règles d'hygiène relationnelle.

Pour écouter, je me tais, je me centre sur la personne, je ne parle pas sur elle, je ne l'enferme pas dans des explications, des généralisations, des statistiques. Je l'invite à parler d'elle, des faits, de son ressenti, des retentissements que cela déclenche. Je favorise l'expression de son message et je la confirme comme étant bien l'auteur de ses paroles, le producteur de ses émotions et sentiments, de ses symptômes.

4. Proposer une écoute participative par la visualisation des éléments du message.

Montrer de façon symbolique, en choisissant des objets ou en dessinant, inviter la personne à devenir active dans l'écoute d'elle-même : c'est elle qui place les objets symboliques, représentant peurs, désirs, faits, maladie, médicaments, personnes significatives de son histoire, etc., les uns par rapport aux autres et par rapport à elle-même. Cette représentation permet aussi de symboliser une évolution, un changement.

5. Oser une écoute interactive où le médecin apporte éventuellement son ressenti, ses propres images, sa propre compréhension.

Le médecin n'est pas un écoutant passif : il existe avec sa sensibilité, son imaginaire. Offrir son écoute comme étant bien la sienne : il ne s'agit pas d'une interprétation qui serait alors une parole sur l'autre, mais bien d'offrir, au moment choisi, sa propre écoute.

6. Différencier la personne de sa maladie, l'inviter à la nommer, la symboliser.
Démarche essentielle pour pouvoir m'adresser soit à la personne, soit à sa maladie. Démarche tout aussi essentielle pour permettre à la personne de prendre soin de la relation à sa maladie, et inviter son imaginaire à lui ouvrir le chemin du sens.

7. Non pas tant chercher à comprendre que permettre à la personne de s'entendre.

Reformuler, confirmer, permettre et accompagner l'émotion comme un langage, inviter au ressenti corporel lors de l'examen, recueillir « humblement » tous les éléments comme les pièces d'un puzzle que la personne assemblera en son temps.

8. Permettre à la personne de se relier.

D'entrer en relation avec ses symptômes, son traitement, son corps, son histoire, les personnes significatives de sa vie, peut-être le divin qui l'habite, et prendre soin des liens blessés.

9. Faire des propositions symboliques, offrir contes ou poèmes.

Le douloureux, le fragile, comme peut l'être un amour blessé, un deuil inachevé, un ressentiment, une colère, une peur, une violence reçue, tout cela trouve difficilement les mots pour se dire, et le changement pour sortir de l'impasse ne peut se faire que dans la cohérence, dans l'évidence d'une démarche accomplie au terme parfois d'une longue maturation. Symboliser cette démarche, l'accompagner, en être le témoin et offrir le possible d'une mise en mots : tel est le cœur du travail en médecine relationnelle, libérant les ressources de la personne pour une véritable guérison dont elle sera l'auteur.

Le conte, qui prend son origine dans l'imaginaire et l'inconscient du médecin ou du soignant conteur, retrace de façon métaphorique un processus, dans la poésie et la tendresse, dans le rire et l'humour parfois. Il parle à l'inconscient... même si nous ne savons pas comment. Les poèmes aussi parlent à l'inconscient, offrir un poème est un acte d'écoute interactive.

10. Proposer des ordonnances relationnelles.

Poser des points de repère, des balises pour accompagner un changement, une évolution. Dans une relation difficile, proposer pour chaque jour, avec un dosage précis dans le temps, des actes de santé relationnelle (par exemple, dire JE, ne pas se laisser définir, savoir limiter un entretien, affirmer ses possibles et ses limites, dire bonjour à sa maladie, s'offrir un plaisir...).

11. Reconnaître les capacités propres de la personne et lui faire confiance pour se guérir.

Libérer l'immunité plus que donner des antibiotiques ! Le médecin soigne, mais c'est la personne qui se guérit, dans la mesure où le travail qu'elle fait sur elle-même lui permet de sortir de ses entraves, de ses liens qui attachent, où la mise en mots du sens entendu et la mise en œuvre dans la relation blessée

auront permis de cicatriser les blessures encore saignantes et de libérer l'énergie qui y était piégée.

12. Accompagner.

Au bout du compte, le médecin relationnel accompagne. Il ne prend pas en charge. Il ne prend pas sur lui la responsabilité de la vie de la personne, il ne décide pas tout seul du traitement à effectuer, il ne dépossède pas la personne de son histoire, de sa maladie. Il est à ses côtés, invitant à la parole et à entendre le sens au-delà du symptôme.

Si le langage se situe
entre cri et silence,
la maladie se situe
entre silence et silence.

Retour
sur les blessures de l'enfance

Quand on demandait à ma grand-mère d'où elle venait, elle répondait chaque fois : « Je viens du pays de mon enfance. » C'est le pays commun à chacun d'entre nous, même s'il n'est pas coulé dans la même argile, s'il n'a pas les mêmes collines ou les mêmes paysages, les mêmes sources ou les mêmes pâturages.

Chacun d'entre nous a certainement été un jour ou l'autre ébranlé par la résurgence brutale dans sa vie d'adulte d'une remontée de souvenirs, de sensations ou de perceptions douloureux accompagnés d'angoisse ou de malaise. Le tout déclenchant une fragilisation soudaine de sa relation au monde, remettant en cause la communication avec les proches et les moins proches.

Il s'agit là, le plus souvent, de la réactualisation ou de la résonance au présent des blessures de l'enfance qui se manifestent de façon impromptue à partir d'une rencontre, d'un événement ou d'un conflit déstabilisant.

Il ne me paraît pas important dans ce cas de se focaliser sur la cause ou sur l'élément déclencheur de la réaction, car notre vie contient une foule de phénomènes susceptibles de jouer le rôle de détonateur pour ces sortes de bombes à retardement déposées ou accumulées en nous dans l'enfance et qui vont exploser sans prévenir avec plus ou moins d'intensité, selon le point sensible qui est touché et réveillé par un événement contemporain. Il me semble plus enrichissant et dynamique de pouvoir retrouver, à partir d'un travail sur soi, de l'équivalent d'une recherche archéologique personnelle, les situations inachevées de notre histoire, les moments où se sont déposées les violences qui ont ouvert de telles blessures, et surtout de pouvoir entendre le sens avec lequel elles se sont inscrites dans notre développement.

Si nous excluons les blessures les plus archaïques, celles qui remontent au temps de la gestation, centrées sur l'angoisse et la nostalgie de la séparation et de la perte, ainsi que les blessures primitives des premiers mois de la vie, dont l'inscription s'organise autour de la privation, du manque ou des carences vis-à-vis des besoins fondamentaux d'un enfant, nous pouvons rassembler les blessures de l'enfance autour de cinq types de situations récurrentes. A savoir des situations qui ont pu être à l'origine d'un sentiment d'**injustice**, d'**humiliation**, de **rejet** et d'**impuissance**.

Nous pouvons tous retrouver dans notre histoire des moments difficiles au cours desquels nous avons rencontré l'injustice, où nous avons été soumis et humiliés, où nous nous sommes confrontés à l'impuissance et à la détresse d'être démunis, désarmés face à un

rapport de force qui nous paraissait insurmontable. Toutes ces situations ont laissé en nous des traces indélébiles, car elles nous ont atteints et fragilisés dans nos ressources, dans l'image de soi, dans notre relation aux autres.

Ce sont des sentiments fortement récurrents en effet, que les expériences de la vie adulte vont se charger de réveiller, de remettre au jour et de réactualiser si nécessaire. De nombreuses personnes vont ainsi porter en elles de véritables barils de poudre qui ne demanderont qu'à s'enflammer, qu'à exploser à partir de la moindre stimulation, d'un événement banal, d'un mot, d'une phrase entendue, d'une réminiscence lointaine soudain réveillée et qui va déclencher l'équivalent d'un tremblement de terre interne.

Ces implosions nous laissent désemparés, meurtris, affaiblis et même parfois si désorientés que nous avons la tentation de solliciter le chaos, de rester prisonniers de notre propre désarroi, de nous laisser envahir par la détresse.

Mais chacun de ces événements est porteur de sens. Aussi, il importe d'apprendre à ne pas trop se désoler de l'émergence de ces réactions, car leur écoute nous permet aussi d'accéder à plus de lumière, à plus de cohé-rence et de consistance. La traversée doulou-reuse, certes, mais toujours stimulante, de tels phénomènes va nous permettre d'entendre mieux les répétitions, les fidélités, les missions de réparation inscrites dans notre vie, vis-à-vis de parents ou de proches.

Ainsi, en acceptant de travailler à partir de ces situations, pour entendre au-delà des apparences le sens profond des messages qu'elles contiennent, pouvons-nous trouver des chemins pour nous libérer des dépendances et des liens d'attachement et d'aliénation qui parfois nous retiennent encore trop fortement au pays de notre enfance.

" Je voudrais être malade sans souffrir, pour simplement ne plus être responsable de moi-même, pour être pris totalement en charge, sans plus aucune responsabilité à assumer... "

(un homme à la retraite)

Vous allez être opéré...

Bien avant l'opération

Avez-vous un jour entendu l'une ou l'autre de ces phrases, soit comme un soulagement, soit comme une catastrophe, ou un couperet ?

– Je ne peux pas faire autrement que de vous proposer une opération...

– Votre état nécessite une intervention...

– Vous seul(e) pouvez décider ou non de cette intervention...

– Vous allez être opéré !

– C'est plus grave que je ne pensais, je vais devoir vous opérer...

– Je vais vous opérer, je n'ai pas d'autre choix !

– Je vais vous enlever ça, vous verrez, cela ira mieux ensuite...

– Vous savez, ce sera mieux après, c'est un mauvais moment à passer...

– Vous savez, c'est une intervention courante, qui aujourd'hui réussit très bien...

– Je ne sais pas qui vous a opéré avant, mais

il est temps que je répare tout ça, que je mette un peu d'ordre*

Dans votre tête

Quelles que soient les phrases, quels que soient les mots avec lesquels votre médecin, votre chirurgien vous a annoncé la nécessité, l'importance ou l'urgence d'une opération sur votre corps, comment les avez-vous entendus ? Comment votre corps les a-t-il reçus ?

Car c'est de votre corps qu'il s'agit, bien au-delà de votre santé : de l'intégrité de votre corps, celui avec lequel vous vivez tous les jours, depuis longtemps, depuis toujours.

Avez-vous pu écouter en vous la résonance de ces mots ou de cette phrase par laquelle vous étiez informé d'une opération, d'une intervention chirurgicale à venir ? Avez-vous pu entendre ce qu'elle a déclenché d'interrogations, d'angoisses, de peurs, de soulagements ou de doutes en vous ?

Avez-vous pu dire à quelqu'un de proche, au-delà de la simple information « Tu sais, je

_____

* Toutes ces phrases ont été entendues, ici ou ailleurs, telles quelles.

vais être opéré », quelques-uns des pensées, des sentiments, des émotions soulevés dans votre esprit, dans votre ventre, dans votre cœur par la perspective d'être opéré(e),

PAS DE PROBLÈME, NOUS ALLONS NOUS OCCUPER DE CE PANCRÉAS QUI N'A PAS BONNE MINE, L'ENLEVER SERA LE PLUS SIMPLE ! ENSUITE ON S'OCCUPERA DES HÉMORROÏDES, DES VARICES, DU SOUFFLE AU CŒUR, DE LA TENSION QUI N'EST PAS TRÈS BONNE. ON VERRA AUSSI CETTE HERNIE DISCALE QUI FAIT DES SIENNES. TOUT ÇA POUR COMMENCER. ON TROUVERA CERTAINEMENT EN COURS DE ROUTE D'AUTRES PROBLÈMES, MAIS NOUS AVONS TOUT LE TEMPS !

endormi(e), ouvert(e), recousu(e) après qu'on aura enlevé ou réparé un organe, une partie défaillante de vous ?

Avez-vous pu exprimer à vous-même les sentiments contradictoires, les mouvements en vous vers une acceptation, un accord : « Bon, plus vite ce sera fait, mieux ce sera... », « Il connaît son travail, il a l'air sérieux, il sait ce qu'il fait, je vais me confier à lui » ?

Avez-vous pu dire aussi les refus et les doutes qui vous ont traversé : « Est-ce vraiment nécessaire ? et s'il s'était trompé, si ce n'était pas aussi grave qu'il le dit... peut-être qu'on pourrait essayer un autre traitement, qu'il y a d'autres solutions... ! Je devrais peut-être consulter quelqu'un d'autre ?... »

Avez-vous pu reconnaître ces pensées puériles ou folles qui se bousculent parfois comme une tempête dans la tête... et qui ont besoin d'être entendues, seulement entendues pour se déposer, pour se clarifier d'elles-mêmes ?

Avez-vous pu parler à vos proches, à vos parents, à des amis de ce bouleversement dans votre vie ? De cette violence et de ce soulagement que représente une intervention chirurgicale ?

Et même si vous n'avez pu dire tout cela, avez-vous pu seulement l'écrire, le dessiner pour vous, pour le sortir de vous, pour l'entendre mieux en vous ?

C'est tout proche,
vous êtes hospitalisé

Avant de partir, de quitter la maison, vous avez travaillé dur pour tout préparer, ranger, prévoir le temps de votre absence. Vous avez peut-être attendu le dernier moment, juste la veille, presque coupable de vous absenter, de ne pas être là pour vos proches, les enfants...

Oui, vous allez donc être opéré. La décision a été enfin prise par vous, par votre médecin. Vous êtes arrivé, on vous a donné une chambre, les derniers examens ont été pratiqués, il n'y a plus que l'attente.

Vous allez être pris en charge par une équipe, vous allez être accompagné...

Encore quelques points à clarifier peut-être...

Mais avant encore,
à propos de l'anesthésie

L'anesthésiste est venu vous voir, il a pris contact avec vous. Il fait connaissance avec vos ressources, il sait sur quoi il peut compter pour vous accompagner durant l'anesthésie. Il vous a posé quelques questions, il vous a demandé comment vous ressentez cette opération à venir, ce qu'elle représentait pour vous.

C'est lui, aidé par une infirmière anesthé-siste, qui sera le plus près de vous durant toute l'opération, attentif à maintenir votre orga-nisme en état de recevoir l'intervention, atten-tif à vous éviter souffrance, traumatisme, vio-lence inutile.

L'intervention terminée, vous séjour-nerez quelque temps en salle de réveil, où des infirmières spécialement formées surveilleront attentivement votre retour à la conscience.

Plus tard, vous retrouverez votre chambre ainsi que le personnel du service où vous êtes hospitalisé ; vos proches qui peut-être auront pu se libérer pour être présents. Mais vous n'en êtes pas là encore, l'opération reste à venir.

Le chirurgien

Le chirurgien aussi vous connaît, il connaît même l'intérieur de votre corps, par des radios, des échographies, des scanners peut-être ou par une opération antérieure. Il vous a parlé, vous a dit son point de vue. Peut-être a-t-il pu vous préciser ce qu'il compte faire, explorer, enlever, mettre en complément à

votre organisme pour lui permettre de poursuivre sa route... Vous allez vous appuyer non
seulement sur sa compétence, mais aussi sur
ses qualités humaines.

N'hésitez pas à lui poser des questions, à
partager des interrogations, à échanger avec
lui...

Le personnel soignant

Vous avez eu un premier contact, une attention particulière (ou trop conformiste), mais
vous allez découvrir qu'il y a beaucoup d'infirmières et d'infirmiers, d'aides-soignants,
d'agents de service qui vont vous accompagner et vous suivre durant votre séjour. Chacun avec son caractère, ses ressources et ses
limites.

Vos proches

Vous avez choisi d'informer (ou pas) vos
parents, vos proches ou connaissances, ou
seulement certains, suivant votre situation
familiale et vos choix. Certains de vos amis
savent, même s'ils ne savent pas tout.

Beaucoup de personnes qui vous aiment vont penser à vous, avec inquiétude et espérance, avec compassion et amour. Certaines vous enverront des pensées positives, mobiliseront des énergies pour vous soutenir...

Oser dire

Avant l'opération, si quelque chose vous tracasse, vous inquiète, vous tarabuste ou n'est pas clair, n'hésitez pas. Osez demander, osez dire ce qui vous préoccupe, ce qui vous pèse ou vous fait encore peur.

Il n'y a pas de honte à cela. Vous serez accueilli par une équipe expérimentée, qui « en a vu beaucoup » même si cela ne vous rassure pas. Vous pouvez vous appuyer sur l'une ou l'autre de ces personnes, que vous sentez plus à l'écoute ou proche, plus sensible à votre situation.

Rappelez-vous, c'est de votre corps qu'il s'agit, du meilleur compagnon que vous aurez jamais tout au long de votre vie.

Oui, osez dire, les mots sont importants, ils évitent souvent bien des maux...

Car il y a les peurs secrètes, celles qu'on n'ose pas formuler de crainte de paraître bête, ridicule. Par exemple la peur d'être vu, d'être regardé sans défense, avec le sentiment quelquefois que le territoire du corps intime sera violé par des regards, des commentaires, des pensées, pendant que vous allez être opéré, là, sans défense, sans possibilité de vous exprimer : « Si je dors sous les regards d'autrui, je suis sans défense, sans contrôle sur ce qui va se passer. Livré, vulnérable à la toute-puissance d'un chirurgien, d'une équipe de quelques personnes. Il faut que je fasse drôlement confiance à tous ces gens ! »

La peau est une sacrée protection, plus importante et précieuse que les vêtements, et voilà que cette ultime enveloppe va être peut-être également menacée ! Les radios font parfois peur, voir tous ses os ! Dans l'imaginaire de certains, os = squelette = mort.

Oui, osez dire tout cela, et donnez-vous le courage d'être entendu. Non pas rassuré, mais respecté dans ce ressenti qui est le vôtre, qui n'appartient qu'à vous.

Osez vous dire, osez vous exprimer, car les mots sont importants. Nous le savons aujourd'hui, quand il y a silence des mots se réveille la violence des maux ! Ne vous laissez pas arrêter, envahir ou impressionner par le savoir ou les réponses toutes faites parfois du spécialiste.

« J'attends de vous, monsieur le chirurgien, que vous ayez bien compris mon corps, pas seulement mon problème ou ma pathologie.

Je vous sais compétent, on me l'a dit : "Avec lui tu n'as rien à craindre, c'est un as, il a une grande habitude de ce genre d'opération." Je ne veux pas seulement ne pas craindre... Je demande que votre intervention soit un acte humain, respectueux de tout ce que je suis...

Et vous, monsieur ou madame l'anesthé-
siste, prenez soin de moi, prenez soin de ma
fragilité et de mes ressources aussi, j'en ai
mais on ne sait jamais. Je vous demande de
rester vigilant, de ne pas vous laisser dis-
traire... Aucune opération n'est bénigne,
aucune n'est légère, vous le savez bien, c'est
une intrusion au plus secret de mon corps que
je vais vivre. Vous allez intervenir pour mon
bien, d'accord, mais avec ma vie. »

Appuyez-vous sur vous-même

Vous savez que vous pouvez aussi, vous-
même, faire beaucoup de choses pour vous
préparer. Par de courtes séquences de relaxa-
tion, de sophrologie, vous pouvez vous projeter dans votre corps, imaginer l'opération en
train de se dérouler, visualiser le chirurgien
enlevant ce qui gêne, ce qui est mauvais, le
voir vous réparant, posant une prothèse ou
une plaque.
Vous pouvez anticiper votre mal-aise com-
plètement résolu, guéri, votre souffrance dis-
parue. Vous pouvez visualiser l'intervention
comme s'étant parfaitement bien passée. Imaginer les cicatrices se fermer naturellement,

facilement. Vous pouvez vous voir debout, actif, menant une vie agréable, normale, parmi les vôtres.

Voilà quelques propositions concernant ce que vous, vous pouvez faire... pour vous accompagner positivement, vous-même, dans cette épreuve.

Voilà, vous êtes prêt

Merci d'avoir pu lire ce texte, et peut-être d'avoir pu transmettre dans le service où vous êtes ces quelques lignes.

Vous venez d'être opéré

Le réveil

Voilà, c'est fait.

Vous allez vous réveiller dans un lieu intermédiaire entre le bloc opératoire et votre chambre : vous êtes en salle de réveil. C'est un endroit nouveau, plein de blouses blanches, d'appareils, d'odeurs, de bruits étouffés ou qui prennent quelquefois une intensité extraordinaire.

Peut-être vous demandez-vous si vous ne rêvez pas. S'ils vous ont bien opéré. Et vous rebasculez parfois dans le noir, dans l'oubli ou le chaos.

Des images, des sensations, des bouts de votre vie se mélangent, éclatent, se dispersent ou se fondent dans la plus parfaite des incohérences.

Vous êtes là et vous n'êtes pas là, c'est vous et pas vous, c'est vous et une partie de vous qui prend soudain plus d'importance...

Et puis c'est le retour à votre chambre. Vous retrouvez votre lit, vous reconnaissez quelques objets familiers.

Parfois, un de vos proches est là, une présence connue, aimée, bienveillante et cependant inquiète.

Son silence est important, surtout qu'elle ne pose pas de questions, qu'elle ne vous harcèle pas de sollicitations trop intempestives, car un malentendu risque de s'installer. Celui ou celle qui est là voudrait faire, agir, et vous avez seulement besoin de sa présence, de son être-là.

Un silence conscient, un regard, un toucher léger et surtout une respiration suffisent à maintenir une relation.

La respiration sera un des langages les plus essentiels, les plus efficaces durant les heures qui vont suivre.

Entendre respirer dans un rythme proche du sien, c'est se sentir accepté, inconditionnellement, tel que nous sommes à ce moment-là.

Vous allez basculer, durant plusieurs heures, entre sommeil et éveil, entre sensations de bien-être et sensations de détresse ou de désarroi.

Votre conscience pâteuse ou lucide, votre inconscience chaotique ou aiguë vous accompagnent.

Vous avez été opéré. L'anesthésie se dilue et se dissout lentement, les sensations se clarifient, la douleur arrive ou revient. Le travail de guérison commence son œuvre.

Certaines opérations sont de véritables séismes qui bouleversent un cycle de vie, qui invitent à une renaissance, modifient un schéma corporel, restructurent conduites, comportements, et même parfois lignes de vie.

Une intervention chirurgicale vise à un mieux-être qui sera à découvrir dans quelques heures, dans quelques jours.

Après avoir traversé des ajustements le plus souvent douloureux, car il faut accompagner la cicatrisation, évacuer les pollutions et les violences de l'anesthésie, protéger la vulnérabilité de votre corps, il vous faudra aussi vous prendre en charge.

Des soins, des interventions, un accompagnement spécifique vous seront proposés par toute une équipe entraînée, vigilante, soucieuse de votre rétablissement.

Les premiers déplacements

Après certaines interventions chirurgicales importantes, vous ne disposez pas de mobilité ou d'autonomie de marche. Vous allez tout d'abord dépendre des autres.

Les premiers déplacements en lit, en chariot sont un peu angoissants. Vous quittez un lieu connu, votre chambre, pour l'inconnu. C'est un personnel nouveau qui ne vous connaît pas, que vous ne connaissez pas, parfois un peu pressé.

Vous avez peut-être même entendu au téléphone : « Hé ! Tu m'envoies le fémur ! Tu m'amènes la prothèse ! » Et vous avez découvert avec un petit pincement que vous n'étiez plus Mme M. ou M. O., mais que la « clavicule » dont il était question cinq minutes plus tôt, c'était vous.

Et tout malade que vous êtes, tout souffrant, vous auriez envie de dire à ce brancardier ou à cette brancardière qui vous tire, qui vous bouscule, sans beaucoup de ménagement (quelquefois), vous auriez envie de chuchoter : « Je suis fragile, doucement, doucement, ne me cassez pas davantage. »

Oui, vous auriez envie, là dans le couloir, dans l'ascenseur, entre deux portes qui ne veulent pas s'ouvrir, vous auriez envie de témoigner : « Je suis là, je ne suis pas qu'une clavicule ou qu'une prothèse que l'on doit radiographier, je suis un homme, une femme qui, la semaine dernière, dirigeait encore sa vie comme il ou elle l'entendait, qui prenait des décisions importantes, je suis un père ou une mère de famille, je suis engagé(e) dans la vie à différents niveaux, je suis important(e) pour un certain nombre de personnes, je suis un ex-petit garçon ou une ex-petite fille, un peu perdu(e). »

Mais comment dire tout cela ? Comment transmettre tant de messages ? Comment se faire reconnaître au-delà de sa maladie ? Comme une personne entière qui a tant de possibles en elle, même si, dans l'instant, vous

semblez inerte, sans volonté et tellement douloureux que vous souhaiteriez n'avoir jamais,
au grand jamais, pris cette décision de vous
faire opérer !

Même si aujourd'hui, tout ce que vous avez
fait ou vécu avant paraît inexistant ou sans
valeur, vous auriez envie, même si cela semble
puéril, que celui qui vous transporte vers la
radiographie, vers les salles d'examen, vous
touche la tête, vous caresse des yeux, entende
combien vous êtes petit, tout petit. Mais eux,
au-dessus de vous, semblent sur une autre planète, ils parlent du service, d'un changement
parmi les médecins, des internes, de la café-
téria, des jours de congé... Ils parlent de
« celle-là, tu sais qui, parce qu'elle a trois
enfants, fait toujours des histoires pour le
week-end » et de « celui-là qui, depuis qu'il est
revenu de l'école d'aides-soignants, ne se
prend pas pour la queue d'une cerise ! ».

Ces déplacements, qui suivent de trop près
une intervention chirurgicale, sont vécus trop
fréquemment comme des agressions. Ils bousculent trop. Ils se font trop souvent dans la
précipitation, dans une sorte d'urgence mal
définie : « Tu me ramèneras le pancréas,
hein ? J'ai pas que ça à faire ! Et le type du 10
il arrive quand, j'ai pas que lui... »

Quand vous revenez dans votre chambre, vous êtes épuisé, moulu, fatigué et plein de doutes aussi. Parfois préférant minimiser ce qui vient de se dire, d'autres fois, plus profondément blessé qu'il n'y paraît.

Car il n'y a pas de lieu pour pouvoir se dire, quand un échange est tenté, il risque de se faire sur un mode réactionnel, qui bloque souvent les uns et les autres.

La pudeur

Après une opération, aussi bénigne qu'elle soit, vous allez être l'objet de soins multiples, répétitifs qui, les premiers jours, vont s'imposer à vous de façon quasi permanente : température, tension, perfusions, anticoagulants, drains, soins de « nursing », avec le sentiment que vous n'avez pas un seul instant à vous.

Toutes les cinq minutes, vous êtes sollicité, dérangé, tourné, retourné... et ça fait mal !

Parfois, c'est le drap qu'on arrache d'un coup, d'autres fois, c'est la voix joyeuse d'une infirmière qui pourrait être votre fille, votre mère, votre femme, votre petite amie et qui prend contact avec vous par un petit mot gentil, un encouragement, une invitation.

Vous avez bien aimé cette infirmière qui

vous a dit en vous tendant une serviette ou un linge, au moment d'un soin qui concernait une zone très intime : « Tenez, voici le carré blanc, vous serez plus à l'aise, vous... et moi. » Ce carré blanc vous a sauvé la vie, il vous a évité beaucoup de gêne, vous a permis de protéger votre dignité. Vous savez bien que vous allez avoir à montrer votre corps, à le laisser toucher, manipuler. Qu'il va y avoir des intrusions dans votre chair, dans votre vulnérabilité. Que vous

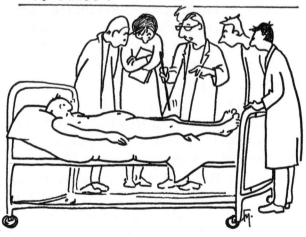

êtes dépendant de décisions qui se prennent sans vous, même si elles se prennent pour vous.

Ainsi, il suffit d'un petit rien, d'un geste gratuit, d'une attention plus personnalisée, d'une attitude qui respecte votre rythme, votre douleur, votre hésitation pour que tous ces soins indispensables deviennent relationnels.

C'est vrai que vous êtes entre les mains de tous ces soignants, qui ne sont pas tous des soi-niants (ni vous un soi-niais !) et qui vous préparent, vous donnent des attentions, vous invitent à retrouver autonomie et bien-être. Même si vous ne pouvez pas leur dire que vous êtes démuni, vous aimeriez qu'ils l'entendent, et même s'ils ne voient pas parfois que vous êtes tout petit, vous aimeriez qu'ils le perçoivent, qu'ils en tiennent compte dans leurs interventions.

Combien d'attentions infimes, de sourires, de regards déposés sur le corps en souffrance vont être des baumes, des calmants plus efficaces que beaucoup de thérapeutiques !

Car au-delà des gestes fonctionnels, les gestes relationnels sont les plus essentiels, les plus précieux, les plus vitaux dans cette phase de vie où vous vous sentez seulement en survie.

La nuit

La nuit, l'obscurité épaissit le silence.

Elle donne plus de profondeur et de force à une pensée.

La nuit, une image, un ressenti, une idée prend soudain beaucoup de place.

La nuit, le temps est long, comme enfermé.

Et cependant, il y a de grands mouvements, des tremblements, des séismes qui s'agitent dans votre corps, dans votre tête.

La nuit, le corps est en errance à se chercher, à tenter de trouver un espace, une place.

Cela vous aidera de visualiser, d'imaginer l'organe blessé, la prothèse placée, les cellules cancéreuses enlevées, le kyste déposé, et d'établir avec eux un petit dialogue, un échange bienveillant ou léger, fantaisiste.

Si on vous a placé une prothèse, de visualiser l'accord possible des cellules avec cette nouvelle présence. D'accepter la différence entre la hanche droite et celle de gauche et de tenter une réconciliation, un accord possible.

Si on vous a enlevé ces cellules cancéreuses si inquiétantes, peut-être sera-t-il souhaitable de les visualiser, de leur faire une toute petite place pour leur accorder de l'attention, dialoguer avec elles : « Si vous êtes arrivées dans mon corps, peut-être aviez-vous un message à me transmettre, une leçon de vie à entendre... »

La nuit, vos pensées vous emportent parfois vers beaucoup de tensions. Des angoisses très anciennes, archaïques, qui viennent du début de votre condition d'homme, remontent à la surface, viennent éclore dans la demi-pénombre de votre chambre de malade.

De plus en plus d'hôpitaux acceptent la présence d'un accompagnant et, si cela vous est possible, n'hésitez pas à solliciter un ami, un proche, pour qu'il reste près de vous les deux ou trois premières nuits qui suivent l'opération.

C'est bon un regard, une présence qui veille, qui chasse les vieux démons de l'enfance ou des premiers temps de l'humanité.

Quelques petits gestes peuvent dénouer mille incertitudes, atténuer mille tensions, dénouer mille interrogations.

Ne vous épuisez pas dans les méandres de la nuit, cocoonez-vous pour mieux affronter le jour.

La respiration

Couché dans votre lit, même immobilisé, vous avez la possibilité de respirer, de prendre de l'air, de lâcher de l'air.

C'est sur l'expir que se dénouent beaucoup de tensions.

Oser respirer pour accompagner la douleur, pour lâcher prise sur une peur, pour prolonger un lâcher-prise, c'est se donner un moyen concret pour mieux affronter et traverser la douleur.

Vous rappeler aussi que la respiration est le premier langage que nous utilisons en venant au monde. C'est donc un langage essentiel avec soi-même ! C'est le langage qui permet d'accompagner les émotions, le ressenti, heureux ou difficile, qui habite celui qui souffre ou se débat.

Combien de tensions, de douleurs, de violences engrangées vont se dissoudre dans une respiration profonde, dans une respiration inspirée !

Petits détails

N'oubliez jamais cet axiome : « A l'hôpital, les piqûres ne font jamais de mal... à ceux qui les font. »

Il est important que le personnel sache frapper à la porte de votre chambre car il annonce ainsi son intention de pénétrer dans votre intimité.

Oui, c'est important de frapper à la porte de la chambre d'un malade pour signaler les visites, un soin, même quand on est pressé. Trois secondes entre frapper et entrer, pour laisser le temps de l'apprivoisement, c'est un cadeau extraordinaire.

Enlever une miette, dégager un pli, tous ces gestes gratuits sans autre contrepartie que votre bien-être. C'est ce qui devient si rare dans la vie d'aujourd'hui.

Prendre contact par le sourire, un geste, quand le soignant vous aborde avec un infime temps d'immobilisation, un ralentissement de l'action, avant de donner un soin, c'est aussi un beau cadeau.

Petits détails encore : se voir apporter un vase pour les fleurs qu'on vous a offertes, avoir à votre portée un livre, une revue, vos petits objets familiers.

Votre autonomie est souvent limitée et vous avez besoin d'exercer un minimum de pouvoir, même sur un simple verre d'eau.

Pour certains malades, la pénombre est douce et apaisante.

Sur un lit d'hôpital, les sons prennent plus d'importance et ont plus d'ampleur. Que c'est bon une voix qui ne crie pas. Que c'est bon aussi et apaisant de se sentir entendu.

Quand vous allez dire « J'ai mal », vous risquez d'être étiqueté comme douillet.

Si vous osez dire « J'ai très mal », vous risquez de paraître insupportable. Pouvoir dire son ressenti et être confirmé dans ce que vous éprouvez apporte soulagement et quiétude.

« Oui, c'est douloureux pour vous, oui, cette douleur vous semble insupportable. » Etre confirmé ainsi est plus aidant que n'importe quelle rassurance, ou pseudo-compréhension.

Il vous faut savoir aussi que les personnes susceptibles de prendre une décision vous concernant ne sont pas toujours présentes au moment où vous exprimez une demande.

Votre infirmière, l'infirmier ou l'aide-soignante présente ne peuvent prescrire. Ils appliquent des prescriptions, un plan de soins. Ils se doivent de respecter une procédure. Mais ils savent aussi que chaque personne, chaque malade est unique avec une géographie de la douleur très différente de celle du malade qui vous a précédé ou de celui qui suivra.

Se sentir entendu, reconnu, apprécié est un

besoin fondamental qui est parfois mis à rude épreuve dans un hôpital.

Ne vous découragez pas, n'accusez pas, ne disqualifiez pas le personnel. Osez vous définir et rappelez-vous chaque fois que ce ressenti que vous avez, c'est bien vous qui l'avez, que ce que vous vivez à ce moment-là, c'est bien vous qui le vivez.

En dehors de tout étiquetage, en dehors de toute classification, en dehors de tous les manuels et de tous les savoirs, osez témoigner de votre vécu car personne d'autre que vous ne le vit à ce moment-là.

Paradoxalement, un séjour à l'hôpital peut être pour vous-même une occasion unique de vous respecter en acceptant de reconnaître vos besoins de sollicitude les plus profonds, tant au niveau de votre corps que de votre esprit, de vos pensées.

Vous entrez en convalescence...

Au début, dans les premières heures, dans les premiers jours, tout semble figé, dur à remuer, douloureux à vivre.

Tout pèse bien lourd, un doigt, un pied, une paupière

Et puis, avec les jours nouveaux, avec les soins reçus, avec votre collaboration, avec tout le poids et l'énergie de vos ressources, tout s'accélère, reprend une place, retrouve un sens, se relie à nouveau à l'immensité de la vie.

Vous allez pouvoir sortir, retrouver votre milieu, vos activités, votre rythme de vie avec certainement des petites différences qui vous feront découvrir que cette opération a ouvert en vous beaucoup de pistes possibles pour reconsidérer votre existence.

" J'avais cinquante ans quand je suis entré à l'hôpital pour une prothèse et j'ai eu l'impression de redevenir un petit garçon de huit ans, infantilisé lorsque je tentais simplement de dire ce que je ressentais. J'ai retrouvé au complet la famille de mon enfance. Il y avait toujours une infirmière pour m'inviter à me taire (j'entendais mon père !), pour me dire d'arrêter de me plaindre (j'entendais mon frère !), qu'il y en avait d'autres qui souffraient plus que moi (j'entendais ma sœur !), que décidément j'avais un caractère détestable (j'entendais ma mère !). Une seule fois, j'ai entendu ma grand-mère, quand une femme de service m'a dit : – C'est douloureux, les os, ça crie très fort, je vous plains de tout mon cœur ! "

(un convalescent
en centre de rééducation)

Lettre ouverte

**à tous ceux qui ont un parent,
un ami, un proche en maison de retraite**

Bonjour,

Vous entrez dans cet établissement pour rendre visite à un parent, à un ami, à une connaissance proche. Et vous allez de surprises en surprises, vous allez assister, parfois, à des scènes qui vont vous émouvoir, peut-être vous heurter, ou encore vous blesser.

Vous sentez surtout une odeur, une odeur qui vous rappelle l'hôpital, une odeur parfois pénible, âcre, insistante, qui vous dérange, vous irrite.

Vous apercevez debout, assis, couchés sur des chariots, des hommes ou des femmes sans âge, immobiles, le regard perdu, le geste figé en attente d'un mouvement qui ne vient pas.

Vous reconnaissez au passage des infirmières, des membres du personnel : blouses blanches, roses, bleues ou grises.

On vous a indiqué une chambre, ou un coin

de salon. On vous a orienté vers un couloir où se trouve logé votre parent, celui ou celle que vous êtes venu voir.

Vous vous approchez, peut-être vous reconnaît-il ?

Et un échange va commencer, un peu difficile, malhabile, incertain ou chaotique.

Peut-être aussi ne vous reconnaît-il pas ? Vous, son fils, sa fille ou son ami de toujours ! Et vous vous sentez soudain perdu, blessé, amer, dérouté. Ce qui s'agite en vous vous déstabilise, vous interpelle, vous rend plus sensible, plus réactionnel peut-être ?

Vous tentez des questions.

Vous voulez donner des nouvelles, rapporter un peu du monde extérieur à celui, celle que vous êtes venu voir, lui parler de la vie qui se déroule, là-bas au-dehors...

Vous demandez comment ça se passe.

Vous avez envie de parler du passé, du présent, du futur, de tout ce qui vous habite, vous êtes plein de bonne volonté pour nourrir un dialogue, ouvrir un partage, laisser une trace de votre passage...

Vous cherchez un point d'ancrage pour une rencontre possible. Vous voulez apporter non seulement votre présence, mais aussi un soutien, donner votre amour, en recevoir aussi.

Vous avez remarqué, bien sûr, le dénuement de la chambre, la simplicité et l'austérité du mobilier.

La pauvreté ou la rareté des objets familiers vous impressionne. La vêture peut vous choquer, vous déranger. Ainsi la robe de chambre qui semble toujours trop large ou trop étroite, fanée, à la limite de la propreté. Vous avez vu tout de suite qu'il manquait deux boutons au pyjama, que le pull ou la jupe était taché. Mais vous comprenez, vous savez qu'il y a beaucoup de monde, vous devinez que le personnel est surchargé, vous ne vous attardez pas... mais vous n'en pensez pas moins !

Vous cherchez à vous accrocher à des repères connus, vous recherchez des points communs, vous voulez retrouver des bribes de souvenirs, des petits morceaux de vie, des clins d'œil, des témoignages de ce qui a été le meilleur entre cette personne et vous.

Mais, à l'intérieur, vous êtes désespéré, d'une tristesse infinie, vous êtes atterré.

C'est ça la vieillesse ! C'est comme ça que cela se passe ?

Jusqu'à aujourd'hui vous en aviez perçu seulement quelques signes autour de vous dans le grand spectacle de la vie. Vous en aviez reconnu les marques apparues sur le corps des autres, mais vous n'aviez pas imaginé les choses comme ça, pour vos proches, pour ceux que vous aimez.

Une idée furtive vous traverse, peut-être qu'un jour... vous aussi !

Et quand vous vous décidez à partir, après un au revoir trop insuffisant, opaque, trop fade, sur le vide apparent de la rencontre, vous n'allez pas manquer de poser des questions à un soignant, à une surveillante : « Dites-moi, vous croyez qu'il, elle se plaît ici, qu'il, elle est heureux(se) ? C'est tous les jours comme ça ? Il n'y a pas plus de monde qui s'occupe d'elle, de lui ?.. »

Vous attendez surtout des explications, vous ressentez de l'amertume, de la violence peut-être, un sentiment de culpabilité diffus, sournois vous pousse à agresser le personnel. A trouver que votre mère est bien seule, que votre père est vêtu comme un malade – vous n'osez pas dire « clochard » –, lui qui autrefois était si beau, si attentif à son apparence.

Le plus souvent, vous allez interroger en accusant : Il paraît qu'il n'a pas mangé à midi ? Qu'est-ce que c'est ces médicaments ? Il a maigri depuis l'autre fois, vous ne trouvez pas ? Il paraît essoufflé, vous avez surveillé son cœur ? Il s'est plaint qu'on le force à se laver ou à rester couché, ce n'est plus un enfant quand même ! Elle a fait sur elle et personne ne l'a remarqué !

Vous demandez pourquoi la photo de ses enfants n'est plus sur la table de nuit...

ALLÔ MA CHÉRIE, ÇA NE VA PAS BIEN DU TOUT MAIS NE T'INQUIÈTE PAS... J'AI VU LE DOCTEUR, IL M'A DONNÉ POUR 76 EUROS DE MÉDICAMENTS... ET PUIS MON DENTISTE M'A DIT QUE JE DEVAIS CHANGER DE BRIDGE... J'AI PEUR AUSSI QUE MA PROTHÈSE DE HANCHE NE TIENNE PLUS TRÈS LONGTEMPS... SI TU SAVAIS COMME LA VIE EST TRISTE DEPUIS QUE TON PÈRE EST PARTI ... MÊME LA CHATTE REFUSE UN CÂLIN ...

Vous allez quitter l'établissement, ulcéré, plein d'amertume ou de colère, parfois avec le sentiment que vous n'avez pas été compris, que le personnel décidément a l'air de s'en moquer ! Qu'on voit bien qu'ils n'ont pas de proches, eux, dans une maison de retraite...

Vous vous demandez si vous avez bien fait de prendre cette décision de le placer dans cet établissement. Vous voulez vous rassurer, on vous avait dit beaucoup de bien de cette maison, de la directrice, des soins, mais quand même !

Vous prenez aussitôt la décision de ne pas le laisser ici. De rechercher quelque chose d'autre, de mieux, de plus adapté.

Vous avez peut-être lu quelque part que les maisons de retraite étaient des mouroirs ! Que les vieux, il y en a trop. Que les progrès de la médecine, c'est bien beau, cela prolonge la vie d'accord, mais à quel prix et dans quel état !

Et tout au fond de vous, c'est comme si soudain, vous aviez honte de vos parents, de votre ami... Toute une vie de travail, d'amour, de dévouement pour en arriver là !

Vous avez envie d'engueuler le monde entier. Le gouvernement surtout, qui pourrait investir dans le réaménagement de locaux qui vous paraissent trop vétustes, ou au contraire

trop modernes, impersonnels... Et le minis-
tère de la Santé, qui pourrait engager plus de
personnel, mieux contrôler ce qui se passe
dans ce genre de maison... Et la directrice de
l'établissement qui a l'air bien jeune, ou trop
âgée, pour s'occuper de personnes aussi sensibles que votre mère, que votre père...

Et pourtant vous n'avez pas tout vu. Je veux
dire : rien vu de l'essentiel.

Rien vu de tout ce travail de fourmis consti-
tué de milliers de petits gestes, de centaines
de petites attentions, de sourires, de paroles
offertes, proposées chaque jour : soir, matin,
et même durant la nuit, par une veilleuse, un
gardien. Dans la journée, par une aide-soignante, un kinésithérapeute, une infirmière,
une animatrice.

Oui, tous ces gestes de l'indicible, une main
posée doucement contre un dos, une caresse
légère sur un bras. Un bisou léger près d'une
joue, tout proche d'une tempe où les veines du
temps ont laissé une trace trop bleue. Vous
n'avez pas vu les milliers de sourires, les petits
clins d'œil, les attentions invisibles...

Vous n'avez pas entendu la pensée émue...
Une écharpe nouée, renouée, un mouchoir
ramassé cent fois, une blouse boutonnée et
reboutonnée, un pantalon brossé, un mégot

allumé, une tache essuyée avec une infinie tendresse.

Et tant de paroles offertes, proposées, mots papillons, petits mots cadeaux telles des étoiles dans la nuit des indifférences. Des phrases apparemment banales, petits cailloux blancs dans le silence gris de l'attente, dans le creux des heures vides.

Car au-delà de tous les soins journaliers : lever, coucher, température, toilette, repas,

habillement, déplacements ; au-delà des soins médicaux, infirmiers, pour la restauration du corps fatigué, de l'esprit défaillant, des dysfonctionnements dans l'usure de toute une vie ; au-delà des soins de vie, pour égayer des journées qui ont tendance à se confondre, à s'immobiliser, à se perdre entre ombre et lumière... oui, il y a la prise en compte de la relation, de tous ces soins relationnels, émotionnels, affectifs, énergétiques. Ces soins qui ne sont notés nulle part, qui ne font l'objet d'aucune prescription, d'aucune ordonnance ou consigne. Des soins qui soignent la relation au jour le jour.

Ces fêtes de la tendresse, sans flonflons... Ces gestes de l'accueil, de la reconnaissance de chacun tel qu'il est, vous ne les avez pas vus, ou pas perçus ce jour-là.

Toutes ces attitudes d'acceptation inconditionnelle, qui donnent à chacun un peu plus d'existence en cette fin de vie, un peu plus de qualité, de bonté au déroulement des jours...

Car il y a, le savez-vous, chez tout personnel d'une maison de retraite, quel que soit son rôle ou sa fonction, au-delà de la fatigue, au-delà du risque de la saturation, au-delà du risque de la routine, au-delà des risques de la répétition mécanique, au-delà des soucis personnels, au-delà des tensions qui peuvent surgir entre membres d'une même équipe... il y a une incroyable humanité, un dévouement pudique, un respect profond pour les pensionnaires, pour les vieux, pour ceux qu'ils appellent entre eux les mamies et les papis.

Personne ne peut comptabiliser, évaluer, apprécier ou jauger toutes les attentions gratuites, tous les gestes spontanés, toutes les paroles bienfaisantes qui sont donnés à votre père, à votre mère, à votre parent, qui est placé ici.

Bien sûr tous ces gestes, toutes ces paroles n'ont pas le même goût.

Toutes ces attentions n'ont pas la même qualité de présence que celles que *vous* vous auriez données.

Pas la même odeur.

Pas la même intensité.

Pas la même profondeur, peut-être.

Elles n'en ont pas moins de valeur.

Elles n'en ont pas moins d'importance.

Elles ne sont pas moins essentielles à la vie de votre parent.

Elles sont en fait les vitamines du cœur, les fortifiants de l'âme, les antidotes du désespoir et de la détresse. Elles sont la sève de la vie qui coule encore, vivante, présente, même si elle est fatiguée d'avoir parcouru plus de trois quarts de siècle...

Toutes ces attentions ne vous remplacent pas toutefois.

Revenez, revenez pour votre parent, il a besoin de votre regard, de votre présence réelle ou symbolique. Symbolique veut dire : qui a du sens. Si vous ne pouvez pas revenir, envoyez un mot, trois phrases, cinq lignes, une photo, un objet qui vous est commun. Une écharpe de vous avec votre parfum, un rien qui dira votre souvenir et un peu de votre présence ce jour-là.

Même absent, votre présence restera proche, familière, essentielle pour votre mère, pour votre père, pour votre ami qui est ici.

Nous avons besoin de votre aide surtout au plan relationnel.

Tout être humain a besoin de se sentir relié, reconnu, confirmé par des personnes significatives. Vous en êtes une.

Nous, nous prenons en charge votre parent, nous l'accompagnons dans sa fin de vie, mais vous, vous restez un ancrage pour lui.

Nous avons besoin de vous pour lui offrir le meilleur de nous-mêmes.

Merci de nous avoir lu, jusqu'ici.

Cette lettre ouverte vous est offerte.

Elle est aussi un lien entre vous et nous.
Gardez-la, relisez-la, de temps en temps. Oui,
relisez-la

*Je sais que cette lettre circule aujourd'hui
dans un certain nombre d'établissements et
qu'elle apaise beaucoup d'inquiétudes, libère de
beaucoup de malaises.*

S'il y a des paroles
qui blessent,
il y a aussi des paroles
qui soignent...

Nous vivons dans un univers envahi de pollutions de toute nature, où se produisent en abondance des injustices, des violences physiques, visibles ou moins visibles, où s'énoncent et circulent en plus depuis quelques années beaucoup de paroles qui blessent, de mots qui violentent, de phrases qui visent à déstabiliser ou même à détruire.

Aux Etats-Unis, la grande mode semble être au *gossip*, l'équivalent du ragot. Sorte d'exercice de style, qui se veut brillant, sans limites, quant à ce que l'on peut révéler ou dévoiler de la vie intime, des pensées, des pratiques de vie, non seulement des personnalités du monde des arts, du spectacle ou de la politique, mais aussi du citoyen lambda qui, par désir d'être enfin connu ou de simplement avoir le sentiment qu'il existe, se prête à ce jeu pernicieux... En France, certaines émissions de télévision rassemblent un public fidèle, pour permettre à des « animateurs » d'exercer ce qu'il serait

possible d'appeler un harcèlement verbal sca-
tologique, sadique, apparemment consen-
suel...

Ainsi certains chroniqueurs de la presse, de
la radio, des « bêtes » de télévision excellent
en petites phrases assassines, en questions
intrusives, en jugements de valeur abusifs, en
évaluations personnelles violentes et péremp-
toires. Ils déposent des critiques semblables à
des jets acides sur la vie de ceux qui se prêtent
à ces pratiques perverses, non sans innocence,
mais avec un masochisme tout terrain.

Il arrive parfois que simples auditeurs, spec-
tateurs ou lecteurs, nous soyons choqués par
l'excès et l'odieux de tel questionnement ou de
telle affirmation soi-disant reprise d'une information qui circulerait, d'une confidence qui
aurait été faite ailleurs, d'une interview qui
aurait été reprise...

Nous savons aussi, les uns et les autres, au
profond de nous-mêmes, combien une parole
vraie, un mot juste, une phrase appropriée
peut servir de pont, de passerelle, remplacer
un chaînon manquant dans l'errance d'une
recherche et permettre ainsi à celui ou celle
qui la reçoit de se réconcilier avec son histoire,
de mieux comprendre son passé ou son présent, de s'engager avec plus de confiance vers

son avenir. Nous avons certainement reçu et accueilli ou émis et offert des messages porteurs de vie, des interpellations semblables à des graines, à des germes d'ouverture, de croissance et de créativité qui nous ont fait grandir et nous respecter un peu plus... Oui, au-delà d'un engagement dans un processus thérapeutique ou analytique où l'écoute de celui qui accompagne peut guérir ou restaurer les blessures d'une vie, il y a des mots, des paroles au quotidien, dont chacun de nous

peut être porteur, qui peuvent soigner, réparer, apaiser celui qui les reçoit et peut les accueillir comme un cadeau. Ne vous privez pas de ces paroles, car elles font autant de bien à celui qui les offre qu'à celui qui les reçoit. Ne vous interdisez pas de les proposer en vous rappelant que c'est celui qui reçoit le message qui lui donne un sens.

Pouvoirs et bienfaits des mots...

S'il y a des silences qui font le malheur des uns, il est des mots et des partages qui agrandissent le meilleur de ceux qui acceptent de se dire.

Quand il y a le silence des mots se réveille trop souvent la violence des maux.

Mais il ne suffit pas de rompre le silence, et de sortir du mutisme, encore faut-il se sentir reçu, entendu et amplifié lors de ses tâtonnements à mettre en mots.

Il y a des mots vibrants de vie, des mots ferveur pour l'amour, des mots patience ou enthousiastes pour la compassion, des mots de tolérance pour la liberté d'être.

Il y a des mots porteurs de mort et de violence, chargés de haine et d'inimitié.

Il y a les mots simples et nécessaires du quotidien et les mots rares de l'exceptionnel, les mots familiers de la banalité et les mots précieux de l'extraordinaire.

Il y a les mots économes de la survie et ceux dont la richesse nous transporte vers le meilleur de l'autre et de nous-mêmes.

Il y a des mots obscurs, hésitants, torturés,

des mots balbutiants et aussi des mots posés et confiants déjà plus matures, pleins de sagesse et de sérénité, lourds de tout leur poids d'espoir et du sens profond qu'ils portent.

Il faut déjà du temps pour qu'un ressenti, une émotion, un vécu trouvent le chemin des mots.

Il faut du temps pour qu'ils migrent des lieux du corps où ils naissent et s'inscrivent jusque sur la scène symbolique de la représentation, qu'ils accèdent ainsi au registre de la pensée, par un subtil travail de transformation qui mène de l'irreprésenté au figurable, de l'informulé au dicible.

Il faut parfois bien plus de temps encore pour qu'un mot devienne parole, pour qu'il sorte des limbes de l'imaginaire où il a été conçu et vienne ainsi au monde dans le passage étroit et délicat qui va de l'impression à l'expression, de l'ouverture de soi à la transmission de l'autre.

Au début était le Verbe et donc l'énergie du souffle vital, c'est ce souffle vital qu'il convient de protéger en nous.

Notre existence est tissée de toutes les tentatives d'échanges et de partages qui ont jalonné les différentes étapes de notre vie.

Notre bien-être se nourrit ainsi de la qualité des relations significatives amorcées, acceptées, nouées et entretenues dans la durée, avec des êtres que nous avons côtoyés.

Et notre état de santé est exactement proportionnel à notre capacité à nous respecter face à autrui.

Il y a des mots toxiques et des mots blessants, des mots qui distillent leur venin ou leur aigreur, bien au-delà du temps où ils ont été prononcés.

Je peux imaginer que beaucoup ont déjà appris à ne pas les garder, à ne pas laisser trop longtemps fermenter en eux les disqualifications, les humiliations, les propos destructeurs ou simplement négatifs et néfastes qui leur ont été adressés.

Il y a bien sûr des mots cadeaux, des mots de grâce, des mots bénis et des mots magiques que nous pouvons accueillir et amplifier en nous.

Ce sont ceux-là que j'ai recueillis et rassemblés, ceux-là que j'ai voulu déposer ici.

Des mots graves et des mots plaisirs, des mots éveils et des mots envols, des mots rires et des mots tendres, des mots si féconds et si lumineux, qu'ils restent longtemps en nous tels des germes qui fleuriront aux instants les plus inattendus de nos jours.

Une parole pleine a des vertus curatives et une puissance thérapeutique, elle possède un fort pouvoir de vie, quand elle ne juge pas, quand elle ne dicte pas, quand elle n'enferme pas ni ne dépossède.

Une parole soigne quand elle permet de penser les douleurs et les souffrances intimes, un penser qui peut s'écrire aussi avec un *a* quand il panse les blessures et les mutilations anciennes jusqu'à la cicatrisation.

Et je trouve beau de faire mémoire en son vivant de mots qui ont en nous assez d'énergie pour nous faire avancer et croître.

Une parole guérit lorsqu'elle nous invite à reconnaître le sens, et à trouver l'enjeu caché d'une mise en maux.

Une parole libère lorsqu'elle stimule une mise en lien, qu'elle devient un pont, une passerelle entre deux événements, entre deux moments de notre histoire et qu'elle nous amène, non seulement à rendre plus conscient un peu de notre inconscient, mais à regarder et à voir autrement tout ce que nous savons déjà.

Une parole nous conduit à sortir de nos

pièges et de nos répétitions, elle nous déloge de notre tendance à la victimisation, lorsqu'elle suscite des échos et des résonances suffisamment profonds pour pouvoir enfin être entendue par celui-là même qui l'énonce.

Ma grand-mère se plaisait à rappeler que la véritable écoute est une écoute dense (danse) tissée de silence et d'acceptation, prolongée par des regards, soutenue par une respiration et une présence.

Une qualité d'écoute qui permet justement à celui qui parle d'entendre enfin ce qu'il dit.

Puis-je rappeler qu'un écrit a toujours deux auteurs : celui qui l'écrit et celui qui le lit.

Et poursuivre cette invitation en vous conviant à inventer et à offrir à votre tour, aux moments clés de votre vie, des paroles à guérir, à grandir.

Le silence des mots
entraîne la violence des maux,
mais la violence des mots
ne réduit pas pour autant
au silence les maux.

Lettre à mon corps

Bonjour, mon corps.

C'est à toi que je veux dire aujourd'hui combien je te remercie de m'avoir accompagné depuis si longtemps sur les multiples chemins de ma vie.

Je ne t'ai pas toujours accordé l'intérêt, l'affection ou simplement le respect que tu mérites.

Souvent je t'ai même ignoré, maltraité, matraqué de regards indifférents, de silences pleins de doutes, de reproches violents. Tu es le compagnon dont j'ai le plus abusé, que j'ai le plus trahi.

Et aujourd'hui, au mitan de ma vie, je te découvre un peu ému avec tes cicatrices secrètes, avec ta lassitude, avec tes émerveillements et avec tes possibles. Je me surprends à t'aimer avec des envies de te câliner, de te choyer, de te donner du bon. J'ai envie de te faire des cadeaux uniques, de dessiner des fleurs sur ta peau par exemple, de t'offrir du Mozart, de te donner les rires du soleil, ou de t'introduire aux rêves des étoiles.

Mon corps, aujourd'hui, je veux te dire que je te suis fidèle. Non pas malgré moi, mais dans l'acceptation profonde de ton amour.

Oui, j'ai découvert que tu m'aimais, mon corps, que tu prenais soin de moi, que tu étais incroyablement vigilant, et étonnamment présent dans tous les actes de ma vie.

Combien de violences as-tu affrontées pour me laisser naître, pour me laisser être, grandir avec toi ?

Combien de maladies m'as-tu évitées ?

Combien d'accidents as-tu traversés pour me sauver la vie ?

Combien d'abandons as-tu acceptés pour me laisser entrer dans le plaisir ?

Bien sûr il m'arrive parfois de te partager et même de te laisser aimer par d'autres, par une que je connais et qui t'enlèverait bien si je la laissais faire.

Mon corps, maintenant que je t'ai rencontré, je ne te lâcherai plus... Nous irons jusqu'au bout de notre vie commune et, quoi qu'il arrive... nous vieillirons ensemble.

Bibliographie

**Ouvrages-supports audiovisuels
et articles de Jacques Salomé**

Relation d'aide et formation à l'entretien, Editions
  Universitaires Septentrion (édition augmentée,
  2003).
Les Mémoires de l'oubli, Albin Michel.
Contes à guérir, contes à grandir, Albin Michel.
Contes à aimer, contes à s'aimer, Albin Michel.
Pour ne plus vivre sur la planète Taire, Albin Michel.
Paroles à guérir, Albin Michel.
Le Courage d'être soi, Pocket.
Passeur de vies, Pocket.
Si je m'écoutais, je m'entendrais, Ed. de l'Homme.
Une vie à se dire, Pocket.
Je mourrai avec mes blessures, Ed. Jouvence.

Chez Sonothèque Média
(Saint-Gaudens, fax : 05 61 95 04 13)

Enregistrement sur CD :
A corps et à cris.
Etre un bon compagnon pour soi-même.
Contes à guérir, contes à grandir.
Un chemin de vie : la pratique des actes symboliques.

Les Naissances de votre vie.
Apprendre à grandir de l'intérieur.
Comment renoncer à nos auto-saboteurs.

Documents vidéo

Soigner par la tendresse, ASPEPS-Roubaix 1995 (tél. : 03 20 60 01 38).
Les Soins relationnels, interview conduite par le Dr Guy Poncelet, faculté de médecine de Louvain, 1992.

Articles

« Parle-moi, je me sentirai mieux », *Soins infirmiers* (Suisse), 3/1988.
« Silence des mots et violences des maux », *Ecole des parents*, 10/1989.
« La tendresse avec les bébés, avec les enfants et avec les ex-enfants que nous sommes », *Cahier de la puéricultrice*, 4/1990.
« Soins relationnels en néonatalogie », *Revue de l'Association des sages-femmes*, n° 34.
« Non, l'homéopathie n'est pas triste », *Revue de l'homéopathie*, 21/1990.
« La maladie comme un langage symbolique », *Le Généraliste*, 1212/1990.

« Quand le corps parle », *Ecole des parents*, 1/1990.

« A l'écoute des langages du corps », *Optima*, 2-3/1992.

« Nous ne sommes malades que d'une seule maladie : l'incommunication », *Journal du CH de Mulhouse*, 25/1994.

« Le langage des maux », *Le Généraliste*, 1601/1995.

« A propos de la symbolisation », *Bulletin interne de l'AMSR*, 6/1997.

« Jalons pour une méthodologie des soins relationnels... », *Cahiers de la puéricultrice*, 1/1998.

**Autres ouvrages de référence
sur les soins relationnels**

Dr L. Buffard, *Comment l'écoute active des patients favorise leur autonomie*, Thèse de doctorat en médecine, Grenoble, 1992.

Dr M.C. Guivarc'h, *Accompagner la vie jusqu'à la mort*, Mémoire universitaire sur les soins palliatifs, Nice, 1997.

M. Huot-Marchand, *Parole autour de l'enfant – Témoignage sur une pratique de soins relationnels en PMI*, Ed. G. Louis, 1995.

M. Huot-Marchand, *Fais-toi jardinier – Des histoires pour aller mieux... peut-être...*, Ed. G. Louis, 1997.

M. Huot-Marchand, *Sur le chemin de grandir – Les*

soins relationnels au quotidien, Ed. G. Louis, 2001.

Dr O. Lagrange, *Un vilain petit canard*, Mémoire pour le diplôme universitaire de psychothérapie, université de Lyon-II, 2000.

Dr O. Lagrange, *La Dépression claire*, université de Lyon-II, 2001.

F. Rodary, *Docteur, écoutez-moi vraiment*, Éd. Jouvence, 1992.

Articles dans le Bulletin de l'Association de médecine et soins relationnels

Dr A. Clément, « Mme L. : qu'est-ce que cette malade touche chez cet écoutant », n° 6/1997.

A. Clément, O. Lagrange, J. Noirot, « L'écoute active. Les bases d'un entretien », n° 16/2001, p. 3 ; « A médecine relationnelle, un généraliste », n° 4/1996.

Dr O. Lagrange, « Pourquoi relationnel dans soins relationnels ? », n° 14/2001, p. 5.

C. Milesi, « Des soins relationnels à la maternité », n° 15/2001, p. 5.

C. Milesi, « Témoignages de soins relationnels en obstétrique », n° 17/2002, p. 3.

Autres articles

Dr Corinne Donce, « Conte à gai-rire », *La Tempérance*, 16/1995.

Dr Philippe Lefèvre, « L'accompagnement en médecine générale, *La Revue du praticien*, 336/1996.

Dr Françoise Rodary, « Le malade est une personne », *Psychologie de la motivation*, 22/1996.

Dr Françoise Rodary, « Médecine et soins relationnels. Quelle réalité ? », *La Revue du praticien*, 399/1997.

Table

Du même auteur

Supervision et formation de l'éducateur spécialisé, Privat, 1972 (épuisé).

Parle-moi, j'ai des choses à te dire (illustrations de K. Bosserdet), L'Homme, 1982.

Relation d'aide et formation à l'entretien (illustrations de F. Malnuit), Septentrion, 1987.

Apprivoiser la tendresse, Jouvence, 1988.

Les Mémoires de l'oubli (en collaboration avec Sylvie Galland), Jouvence, 1989 ; Albin Michel, 1999.

Papa, Maman, écoutez-moi vraiment, Albin Michel, 1989.

Si je m'écoutais... je m'entendrais (en collaboration avec Sylvie Galland), L'Homme, 1990.

Je m'appelle toi, roman, Albin Michel, 1990.

T'es toi quand tu parles (illustrations F. Malnuit), Albin Michel, 1991.

Bonjour tendresse (illustrations de D. de Mestral), Albin Michel, 1992.

Contes à guérir, contes à grandir (illustrations de D. de Mestral), Albin Michel, 1993.

Aimer et se le dire (en collaboration avec Sylvie Galland), L'Homme, 1993.

L'Enfant Bouddha (illustrations de Cosey), Albin Michel, 1993.

Heureux qui communique, Albin Michel, 1993.

Paroles d'amour (illustrations de Florence Moureaux), Albin Michel, 1995.

Jamais seuls ensemble, L'Homme, 1995.

Charte de vie relationnelle à l'école, Albin Michel, 1995.

Communiquer pour vivre, Albin Michel, 1995.

Roussillon sur ciel (illustrations de Florence Guth), Deladrière, 1995.

C'est comme ça, ne discute pas (illustratic ns de D. de Mestral), Albin Michel, 1996.

En amour, l'avenir vient de loin, Albin Michel, 1996.

Tous les matins de l'amour... ont un soir (illustrations de D. de Mestral), Albin Michel, 1997.

Pour ne plus vivre sur la planète Taire (illustrations de F. Malnuit), Albin Michel, 1997.

Eloge du couple (illustrations de D. de Mestral), Albin Michel, 1998.

Une vie à se dire, L'Homme, 1998, Pocket, 2003.

Toi mon infinitude (calligraphies d'Hassan Massoudi), Albin Michel, 1998.

Le Courage d'être soi, Ed. du Relié, 1999 ; Pocket, 2001.

Paroles à guérir (illustrations de Michèle Ferri), Albin Michel, 1999.

Dis, papa, l'amour c'est quoi ?, Albin Michel, 1999.

Car nous venons tous du pays de notre enfance (illustrations de D. de Mestral), Albin Michel, 2000.

Au fil de la tendresse (en collaboration avec Julos Beaucarne), Ancrage, 2000.

Contes à s'aimer, contes à aimer (illustrations de D. de Mestral), Albin Michel, 2000.

Oser travailler heureux (en collaboration avec Ch. Potié), Albin Michel, 2000.

Les Chemins de l'amour (en collaboration avec C. Enjolet), Pocket, 2000.

Inventons la paix, Librio n° 338, 2000.

Passeur de vies (entretiens avec M. de Solemne), Dervy, 2000.

Car nul ne sait à l'avance la durée de vie d'un amour (calligraphies de Lassaâd Metoui), Dervy, 2001.

Lettres à l'intime de soi (illustrations de D. de Mestral), Albin Michel, 2001.

Je t'appelle tendresse (illustrations K. Bosserdet et D. de Mestral), Albin Michel, 2002.

Un océan de tendresse (calligraphies de France Dufour), Dervy, 2002.

Mille et un chemins vers l'autre (illustrations de E. Cela), Le Souffle d'Or, 2002.

Vivre avec les autres, L'Homme, 2002.

Je mourrai avec mes blessures, Jouvence, 2002.

Ecrire l'amour (calligraphies de D. de Mestral), Dervy, 2003.

Vivre avec les miens, L'Homme, 2003.

Je croyais qu'il suffisait de t'aimer, nouvelles, Albin Michel, 2003.

*Composition I.G.S. Charente Photogravure
et impression Bussière Camedan Imprimeries
en mars 2004.
N° d'édition : 22434. – N° d'impression : 041271/1.
Dépôt légal : avril 2004.
Imprimé en France.*